Preparatore alimentare professionista

Migliorare le tue abilità culinarie

Jeff Berry Townsend

Sommario

Introduzione

Nel mondo frenetico di oggi, la cucina è diventata più di un semplice luogo in cui cucinare; è dove convergono tempo, salute e denaro. Per chiunque desideri migliorare le proprie capacità culinarie, comprendere e padroneggiare l'arte della preparazione del cibo è essenziale. Food Prepper Pro: Elevating Your Cooking Skills è realizzato per trasformare il modo in cui ti avvicini alla cucina, fornendoti le competenze, l'organizzazione e la sicurezza necessarie per rendere la preparazione del cibo una parte integrante del tuo stile di vita.

Questo libro è progettato per aiutarti a creare una cucina efficiente che supporti i tuoi obiettivi, sia che tu miri a risparmiare tempo nelle cene settimanali, a preparare pasti salutari o a perfezionare le tue abilità con i coltelli. La preparazione del cibo va oltre il semplice taglio e conservazione. È un approccio metodico che ti consente di controllare ogni aspetto del processo di cottura, dall'approvvigionamento degli ingredienti alla impiattatura finale. Ogni minuto dedicato alla preparazione è tempo investito in pasti più gustosi, visivamente gradevoli e ricchi di nutrienti.

Food Prepper Pro è costruito attorno a un approccio passo passo, incentrato sulle competenze, che ti guida attraverso tecniche fondamentali che si sviluppano fino a metodi avanzati. Iniziando con l'organizzazione e la sicurezza della cucina, progredirai attraverso le abilità essenziali con i coltelli, i principi della pianificazione dei pasti e la corretta conservazione degli alimenti. Da lì, questo libro si tuffa nelle tecniche di cucina che semplificano ricette complesse e nelle tecniche per una cottura batch efficiente, offrendoti un repertorio di piatti che possono essere preparati in anticipo e gustati durante tutta la settimana.

Ogni capitolo è strutturato per fornirti competenze pratiche che migliorano la tua efficienza e sicurezza. Lungo il percorso imparerai suggerimenti per evitare le trappole più comuni, risparmiare denaro e ridurre al minimo gli sprechi alimentari, il tutto ottenendo risultati di qualità da ristorante a casa tua.

Al termine di Food Prepper Pro, avrai una solida base nelle tecniche essenziali di preparazione del cibo, abbinata a un nuovo livello di esperienza culinaria che farà sentire a portata di mano anche i piatti più ambiziosi. Questo libro non si limita a seguire le ricette; si tratta di sviluppare l'intuizione culinaria che ti permetterà di creare pasti con facilità e raffinatezza. Che tu sia nuovo in cucina o un cuoco esperto che desidera semplificare il tuo processo, questa guida ti aiuterà a sbloccare tutto il potenziale delle tue abilità in cucina.

Benvenuto in Food Prepper Pro, il tuo compagno essenziale per un'esperienza culinaria più organizzata, divertente ed elevata.

Capitolo 1

Iniziare con le basi della cucina

Padroneggiare la preparazione del cibo inizia con una solida conoscenza degli elementi essenziali della cucina. Gli strumenti e le attrezzature che usi, i coltelli che scegli e i prodotti di base che tieni nella dispensa sono la spina dorsale di una cucina efficiente e organizzata. Questo capitolo è dedicato a guidarti nella scelta degli strumenti giusti, nella comprensione dell'importanza dei coltelli di alta qualità e nella costruzione di una dispensa che supporti i tuoi obiettivi di preparazione del cibo.

Utensili e attrezzature essenziali per la cucina

Una cucina organizzata e ben attrezzata ti consente di lavorare in modo efficiente e cucinare con sicurezza. Ecco una ripartizione degli strumenti essenziali che ogni preparatore alimentare dovrebbe avere.

1. Taglieri

Tipi: utilizzare taglieri separati per verdure e carne per prevenire la contaminazione incrociata. Un robusto tagliere in legno o bambù è adatto per le verdure, mentre i taglieri in plastica sono ideali per le proteine poiché possono essere facilmente disinfettati.

Dimensioni e stabilità: scegli tavole grandi per avere ampio spazio di lavoro e considera tavole con impugnature antiscivolo per evitare movimenti durante la preparazione.

2. Ciotole

Materiale: le ciotole in acciaio inossidabile sono resistenti e facili da pulire, mentre le ciotole in vetro offrono versatilità sia per la preparazione che per la cottura al microonde.

Dimensioni: hai a disposizione una varietà di dimensioni per le diverse esigenze, dalle piccole ciotole per preparare gli ingredienti a quelle grandi per mescolare.

3. Strumenti di misurazione

Misurini e cucchiai: conservare un set di misurini per liquidi e liquidi, nonché cucchiai dosatori. La precisione è fondamentale in cucina e disporre di strumenti di misurazione accurati ti garantisce di seguire correttamente le ricette.

Bilancia digitale: una bilancia da cucina digitale consente di misurare il peso degli ingredienti, il che è particolarmente utile nella cottura al forno e nella cottura in batch.

4. Pentole e padelle

Tipi essenziali: inizia con alcuni pezzi versatili come una casseruola in acciaio inossidabile, una padella dal fondo spesso e una padella antiaderente.

Dimensioni e qualità: scegli pentole resistenti che distribuiscono il calore in modo uniforme. Investire in pentole e padelle di qualità migliorerà i risultati di cottura e durerà per anni.

5. Utensili da cucina

Spatole, cucchiai e pinze: sono essenziali per mescolare, girare e servire. Particolarmente utili sono le spatole in silicone resistenti al calore e le robuste pinze in acciaio inossidabile.

Microplane e pelapatate: una microplane consente di grattugiare finemente ingredienti come formaggio, aglio o scorza, mentre un pelapatate affilato rende la preparazione di frutta e verdura semplice e veloce.

6. Contenitori di stoccaggio

Varietà di dimensioni: investi in una gamma di dimensioni di contenitori per conservare di tutto, dalle salse alle porzioni di pasto. Optare per contenitori ermetici in vetro o plastica senza BPA.

Etichettatura: i contenitori trasparenti con etichette ti aiutano a tenere traccia degli ingredienti e delle porzioni dei pasti, consentendo un facile accesso e riducendo gli sprechi alimentari.

7. Robot da cucina e frullatore

Robot da cucina: questo strumento consente di risparmiare tempo tritando, sminuzzando e riducendo rapidamente gli ingredienti.

Frullatore: ideale per preparare frullati, zuppe e salse, un frullatore è un elettrodomestico versatile per qualsiasi cucina.

Con questi strumenti sarai attrezzato per gestire un'ampia gamma di attività di preparazione del cibo in modo efficiente ed efficace.

Scegliere coltelli di qualità e mantenerli affilati

I coltelli sono gli strumenti più importanti in cucina e un buon set trasformerà la tua cucina. Alcuni coltelli ben scelti e di alta qualità sono tutto ciò che serve per svolgere la maggior parte dei compiti.

1. Coltelli essenziali

Coltello da chef: questo coltello versatile è il tuo strumento principale per tritare, sminuzzare e affettare. Un coltello da chef con una lama da 8 a 10 pollici è l'ideale per la maggior parte delle persone, poiché fornisce una lunghezza sufficiente per lavorare con verdure e proteine più grandi.

Spelucchino: piccolo e agile, uno spelucchino è perfetto per lavori più dettagliati, come sbucciare o tagliare ingredienti più piccoli.

Coltello seghettato: essenziale per tagliare pane, pomodori e altri alimenti con l'esterno duro, il coltello seghettato scivola attraverso gli alimenti che altrimenti potrebbero schiacciarsi sotto la pressione del coltello da chef.

2. Qualità e materiali del coltello

Materiale della lama: l'acciaio inossidabile ad alto tenore di carbonio è durevole, resistente alla ruggine e mantiene bene il bordo, rendendolo un'ottima scelta per i coltelli da cucina.

Equilibrio e presa: cerca coltelli con manici comodi e peso bilanciato. Un coltello ben bilanciato riduce lo sforzo e consente un controllo più semplice durante la preparazione.

3. Mantenere i coltelli affilati

Asta di levigatura: la levigatura regolare mantiene il filo del coltello allineato. Usalo ogni poche sessioni per mantenere la nitidezza.

Pietra per affilare: affilare i coltelli ogni pochi mesi con una pietra per affilare ripristina il filo e prolunga la vita della lama.

Conservazione: conserva i coltelli in un ceppo, una striscia magnetica o in guaine protettive per mantenere le lame in ottime condizioni ed evitare danni.

I coltelli affilati non solo sono più sicuri, ma rendono anche il lavoro di preparazione più semplice e veloce. Prendersi il tempo per mantenere i coltelli è un investimento sia in sicurezza che in efficienza.

Elementi base della dispensa per ogni preparatore alimentare

Costruire una dispensa ben fornita ti dà la flessibilità di creare una varietà di piatti senza viaggi dell'ultimo minuto al negozio. Ecco alcuni ingredienti essenziali da tenere a portata di mano:

1. Cereali e Pasta

Riso: conserva un mix di riso a grani lunghi (basmati o gelsomino), a grani corti (arborio) e integrale (riso integrale) per piatti diversi.

Pasta: fai scorta di alcune forme e tipi, come penne, spaghetti e opzioni integrali o senza glutine.

Quinoa, bulgur e cous cous: questi cereali versatili aggiungono varietà a insalate, ciotole e contorni.

2. Prodotti in scatola e in barattolo

Pomodori in scatola: utilizzare per salse, zuppe e stufati.

Fagioli e lenticchie: in scatola o essiccati, fagioli e lenticchie sono fonti versatili di proteine e fibre.

Brodo o brodo: conserva il brodo vegetale, di pollo o di manzo per zuppe, stufati e salse.

3. Oli e Aceti

Olio d'oliva: l'olio extravergine d'oliva è un alimento base per insalate, soffritti e arrostimenti.

Olio vegetale: scegli un olio neutro come quello di colza o di girasole per friggere e cuocere a fuoco vivo.

Aceti: l'aceto di vino bianco, l'aceto balsamico e l'aceto di mele aggiungono acidità ed equilibrio di sapore a molti piatti.

4. Erbe, spezie e condimenti

Sale e pepe: sale kosher, sale marino e pepe nero sono elementi fondamentali in cucina.

Spezie di base: tieni a portata di mano spezie come paprika, cumino, peperoncino in polvere e aglio in polvere per aggiungere profondità ai piatti.

Erbe secche: basilico, origano, timo e rosmarino apportano complessità ai pasti e funzionano bene in marinate, condimenti e salse.

5. Elementi essenziali per la cottura

Farina: la farina multiuso è un must per cuocere al forno, addensare le salse e impanare gli alimenti.

Zucchero: conservare sia lo zucchero semolato che quello di canna per cucinare e cuocere al forno.

Lievito, bicarbonato di sodio e lievito in polvere: questi ingredienti di base sono utili per preparare prodotti da forno e pancake.

6. Prodotti freschi e di lunga conservazione

Cipolle e aglio: queste basi costituiscono la base di innumerevoli piatti e hanno una lunga durata.

Patate e patate dolci: questi ingredienti versatili funzionano bene in una varietà di ricette e possono essere conservati per settimane.

Limoni e lime: aggiungono acidità e luminosità a piatti, marinate e condimenti.

Con una dispensa fornita di questi elementi essenziali, sarai pronto a creare una vasta gamma di piatti e ad adattare le ricette in base alle tue preferenze ed esigenze dietetiche.

Conclusione

Con gli strumenti giusti, coltelli di alta qualità e una dispensa ben fornita, hai costruito solide basi per una preparazione del cibo efficiente e piacevole. Questi elementi essenziali sono gli elementi costitutivi di una cucina organizzata e produttiva, che ti preparano al successo in tutte le tue future attività culinarie.

Capitolo 2

Sicurezza e igiene in cucina

Mantenere una cucina pulita e sicura è essenziale sia per la qualità del cibo che per la salute di chi lo gusta. Una cucina ben organizzata e igienizzata previene le malattie di origine alimentare, preserva i sapori dei tuoi piatti e ti garantisce di lavorare in un ambiente confortevole ed efficiente. Questo capitolo tratta i principi chiave della sicurezza in cucina, dalla corretta pulizia e prevenzione della contaminazione incrociata alla manipolazione e conservazione sicura di diversi tipi di alimenti.

Importanza della pulizia della cucina

Una cucina pulita è la base per una preparazione del cibo sicura ed efficace. Praticando una buona igiene e mantenendo il tuo spazio di lavoro in ordine, riduci al minimo il rischio di contaminazione, eviti la crescita di batteri indesiderati e crei un ambiente più sicuro per cucinare.

1. Pulisci mentre vai

Rimani organizzato: elimina ogni disordine e metti via gli ingredienti inutilizzati mentre cucini. Uno spazio di lavoro pulito e organizzato aiuta a ridurre le fuoriuscite e gli incidenti, facilitando la concentrazione sulle proprie attività.

Pulisci regolarmente le superfici: tieni un panno pulito o dei tovaglioli di carta nelle vicinanze per rimuovere eventuali residui e briciole mentre procedi. Ciò aiuta a prevenire la contaminazione e mantiene organizzato lo spazio di cottura.

2. Sanificazione dell'area di lavoro e degli strumenti

Disinfettare le superfici: dopo aver maneggiato carne cruda, uova o altri ingredienti soggetti a batteri, disinfettare immediatamente i controsoffitti e i taglieri. Utilizzare un disinfettante adatto alla cucina o una soluzione di acqua e aceto.

Pulisci accuratamente strumenti e utensili: lava coltelli, utensili e taglieri in acqua calda e sapone dopo ogni utilizzo, soprattutto dopo che sono entrati in contatto con carne cruda, latticini o frutti di mare.

3. Igiene delle mani

Lavarsi le mani regolarmente: il corretto lavaggio delle mani è uno dei modi più efficaci per prevenire il trasferimento di batteri. Lavati le mani con acqua calda e sapone prima di iniziare a cucinare, dopo aver maneggiato gli ingredienti crudi e ogni volta che cambi attività.

Evita di toccarti il viso: questo può trasferire i batteri dalle mani al viso e viceversa. Usa un panno o un tovagliolo di carta al posto delle mani se hai bisogno di pulirti il viso.

Tecniche per prevenire la contaminazione incrociata

La contaminazione incrociata si verifica quando i batteri nocivi di un alimento vengono trasferiti a un altro, spesso attraverso superfici, utensili o mani condivise. Seguendo queste tecniche chiave, puoi ridurre significativamente il rischio di contaminazione incrociata nella tua cucina.

1. Utilizzare taglieri e utensili separati

Taglieri con codice colore: molte cucine utilizzano taglieri con codice colore: uno per le carni crude, uno per le verdure e un altro per i cibi pronti. Questo sistema aiuta a evitare che le carni crude contaminino altri ingredienti.

Utensili dedicati: designare coltelli e utensili specifici per carne cruda, frutti di mare e altri ingredienti ad alto rischio per evitare la contaminazione incrociata.

2. Maneggiare correttamente gli alimenti crudi e cotti

Separare gli alimenti crudi da quelli cotti: tenere separati gli alimenti crudi e cotti, anche durante la preparazione o la conservazione in frigorifero. Conservare gli alimenti crudi sui ripiani inferiori per evitare gocciolamenti su altri alimenti.

Utilizzare piatti puliti: non riporre mai il cibo cotto su un piatto o su una superficie che conteneva oggetti crudi senza prima lavarlo.

3. Pulisci tra le attività

Lavare le mani e gli strumenti tra un'attività e l'altra: ogni volta che passi dagli ingredienti crudi a quelli pronti da mangiare, pulisci le mani, gli strumenti e le superfici. Questa pratica è particolarmente importante quando si lavora con diversi tipi di alimenti, ad esempio passando dal pollo crudo alla preparazione dell'insalata.

Igienizzare Spugne e Panni: Sostituire regolarmente le spugne da cucina e disinfettarle quotidianamente. Le spugne bagnate possono ospitare batteri, quindi asciugale o mettile nel microonde per alcuni secondi per disinfettarle.

Manipolazione sicura di carni crude, latticini e prodotti freschi

Diversi tipi di alimenti richiedono tecniche di manipolazione specifiche per garantire la sicurezza. Carni crude, latticini e prodotti freschi sono particolarmente soggetti a contaminazione e necessitano di particolare attenzione.

1. Carni crude

Scongelamento e marinatura: scongelare la carne nel frigorifero, non sul bancone, per prevenire la crescita batterica. Marinare anche in frigorifero e scartare eventuali residui di marinata o farla bollire se si intende utilizzarla come salsa.

Controllo della temperatura: conservare la carne cruda a una temperatura pari o inferiore a 40 ° F (4 ° C) nel frigorifero per evitare il deterioramento. Cuocere la carne alla temperatura interna consigliata per uccidere eventuali batteri nocivi (ad esempio, 165°F per il pollame, 145°F per il manzo).

Gestione dei succhi: fare attenzione a evitare che i succhi della carne si riversino su altri oggetti. Metti la carne cruda in un piatto poco profondo o in un sacchetto sigillato per raccogliere eventuali succhi e conservala sul ripiano più basso del frigorifero.

2. Prodotti lattiero-caseari

Conservazione corretta: conservare i latticini, come latte, yogurt e formaggio, in frigorifero a una temperatura costante inferiore a 40°F. Posizionali nello scomparto principale anziché nella porta, dove le temperature variano.

Manipolazione e controllo della freschezza: utilizzare utensili puliti quando si maneggiano i latticini per evitare l'introduzione di batteri. Controlla le date di scadenza e utilizza i latticini entro il periodo di tempo consigliato per garantirne la freschezza.

3. Prodotti freschi

Lavaggio: sciacquare frutta e verdura sotto l'acqua fredda prima di mangiarla o cucinarla. Per prodotti più sodi come mele e carote, utilizzare una spazzola per prodotti pulita per rimuovere lo sporco superficiale. Le verdure a foglia possono essere messe a bagno in una ciotola di acqua fredda e poi scolate.

Conservazione: alcuni prodotti, come frutti di bosco e verdure, dovrebbero essere conservati in frigorifero, mentre elementi come pomodori e banane è meglio conservarli a temperatura ambiente. Conservare frutta e verdura in scomparti o contenitori separati nel frigorifero per evitare che il gas etilene acceleri la maturazione e il deterioramento.

Evitare la contaminazione incrociata: tenere i prodotti freschi lontani da carne cruda e frutti di mare, sia sul bancone che nel frigorifero, per prevenire il trasferimento di batteri.

Linee guida per la corretta conservazione degli alimenti

Conservare correttamente gli alimenti li mantiene freschi più a lungo e previene la crescita di batteri, sprechi e contaminazioni. Segui queste linee guida per la conservazione degli alimenti per mantenere una cucina pulita e organizzata.

1. Etichettatura e datazione

Etichetta contenitori: scrivere la data e il contenuto su ciascun contenitore prima di refrigerare o congelare il cibo. Questa pratica ti aiuta a tenere traccia di ciò che hai e riduce gli sprechi.

Primo a entrare, primo a uscire: disponi gli alimenti in modo che quelli più vecchi siano davanti e quelli più nuovi dietro. In questo modo utilizzerai prima gli articoli più vecchi e ridurrai le possibilità di deterioramento.

2. Organizzazione del frigorifero

Controllo della temperatura: mantenere la temperatura del frigorifero pari o inferiore a 40°F e del congelatore a 0°F (-18°C) per inibire la crescita batterica.

Ordine di conservazione: conservare la carne cruda sul ripiano inferiore per evitare che i succhi gocciolino su altri alimenti. Metti i latticini, i cibi pronti e gli avanzi sugli scaffali più alti.

Tempo di conservazione: utilizzare gli avanzi entro 3-4 giorni e prestare attenzione alla freschezza degli articoli deperibili come latticini e prodotti agricoli.

3. Migliori pratiche per il congelatore

Congelamento degli alimenti: per congelare gli alimenti in modo efficace, utilizzare contenitori ermetici o sacchetti per congelatore resistenti per evitare bruciature da congelamento. Rimuovere quanta più aria possibile dai sacchetti per prolungare la freschezza.

Etichetta e porzione: etichettare i contenitori con la data e porzionare il cibo in porzioni per facilitarne il riscaldamento. Le porzioni più piccole si congelano e si scongelano più rapidamente.

Sistema di rotazione: ruota regolarmente gli articoli nel congelatore e controlla periodicamente la presenza di alimenti scaduti o vecchi. Utilizza prima gli oggetti più vecchi per ridurre al minimo gli sprechi.

4. Deposito dispensa

Prodotti secchi: conserva i prodotti di base della dispensa come riso, pasta e cereali in contenitori ermetici per mantenerli freschi e prevenire i parassiti. I contenitori in vetro o plastica sono ideali per la visibilità.

Organizzazione dei prodotti in scatola: posizionare i prodotti in scatola in un luogo fresco e asciutto. Ruotateli per assicurarvi che le lattine più vecchie vengano utilizzate per prime e controllate sempre le date di scadenza.

Conservazione corretta degli oli: conservare gli oli da cucina in un armadio fresco e buio per prolungarne la durata e prevenirne l'irrancidimento. Utilizzare contenitori per olio con chiusura ermetica per proteggerli dalla luce e dall'aria.

Conclusione

Praticare la sicurezza e l'igiene in cucina è essenziale per creare un ambiente di cottura sano ed efficiente. Mantenendo la pulizia, prevenendo la contaminazione incrociata, gestendo correttamente gli alimenti crudi e seguendo le linee guida per la conservazione, stai salvaguardando sia la tua salute che la qualità della tua cucina. Queste pratiche di sicurezza pongono le basi per una preparazione efficace del cibo e garantiscono che ogni pasto che prepari sia delizioso e sicuro da gustare.

Capitolo 3

Abilità con i coltelli 101

Padroneggiare l'abilità con il coltello è una delle abilità più preziose nel repertorio di ogni cuoco. Un lavoro efficiente e preciso con i coltelli non solo accelera i tempi di preparazione, ma migliora anche la qualità complessiva e la presentazione dei piatti. Questo capitolo fornisce una guida completa ai coltelli essenziali, alle tecniche di taglio fondamentali, esercizi pratici per sviluppare precisione e velocità e suggerimenti per una preparazione efficiente di verdure e proteine.

Tipi di coltelli e loro usi specifici

Una cucina ben attrezzata non richiede una vasta collezione di coltelli, ma sapere quali sono i più adatti per compiti specifici può fare una differenza significativa nel tuo lavoro di preparazione. Ecco i coltelli essenziali che ogni preparatore alimentare dovrebbe comprendere e avere a portata di mano.

1. Coltello da chef

Scopo: Il coltello da chef è il coltello più versatile in cucina, ideale per tritare, affettare, sminuzzare e sminuzzare. Con una lunghezza tipica della lama di 8-10 pollici, fornisce la lunghezza e il peso necessari per gestire ingredienti di grandi dimensioni.

Utilizzo: ideale per tritare verdure, tagliare proteine e persino tritare erbe aromatiche. Il suo peso equilibrato e la lama ampia lo rendono adatto a vari compiti.

2. Spelucchino

Scopo: questo coltello più piccolo, solitamente con una lama da 3-4 pollici, viene utilizzato per compiti delicati che richiedono maggiore precisione, come sbucciare, rifilare e lavori di dettaglio.

Utilizzo: perfetto per sbucciare frutta e verdura, tagliare piccole guarnizioni o per attività che richiedono un controllo maggiore rispetto a quello fornito da un coltello da chef.

3. Coltello seghettato

Scopo: il bordo seghettato del coltello taglia oggetti con l'esterno duro e l'interno morbido, come pane e pomodori.

Utilizzo: ideale per affettare pane, pomodori, agrumi e altri oggetti con buccia scivolosa o spessa che un coltello a taglio dritto potrebbe avere difficoltà a tagliare in modo netto.

4. Coltello multiuso

Scopo: leggermente più grande di uno spelucchino ma più piccolo di un coltello da chef, il coltello multiuso è versatile per compiti di medie dimensioni.

Utilizzo: funziona bene per affettare panini, tagliare piccoli tagli di carne e maneggiare ingredienti che potrebbero essere troppo grandi per un coltello da cucina ma che non richiedono l'intero peso di un coltello da chef.

5. Coltello per disossare

Scopo: Con una lama stretta e flessibile, il coltello per disossare è progettato specificatamente per rimuovere le ossa dai tagli di carne o pollame.

Utilizzo: la sua lama sottile consente una precisione nel taglio attorno alle ossa o nella lavorazione del pesce e di altre proteine.

Familiarizzando con gli usi specifici di ciascun coltello, sarai in grado di scegliere lo strumento migliore per ogni attività, migliorando sia la sicurezza che l'efficienza.

Tecniche fondamentali di taglio

Le tecniche di taglio corrette costituiscono la base di una buona abilità con il coltello. Ogni tecnica ha usi specifici, che influenzano la consistenza, il tempo di cottura e la presentazione degli ingredienti.

1. Tritare

Descrizione: tagliare si riferisce al taglio grossolano degli ingredienti in pezzi di dimensioni simili, in genere più grandi di quelli utilizzati in altre tecniche.

Usi: comune per verdure come carote, sedano e patate in zuppe e stufati dove la dimensione uniforme aiuta a cuocere in modo uniforme.

Metodo: tenere il coltello con una presa salda e farlo oscillare avanti e indietro sul cibo, assicurandosi che i pezzi abbiano dimensioni più o meno uniformi per ottenere una consistenza.

2. Affettare

Descrizione: affettare significa tagliare gli ingredienti in pezzi sottili e uniformi.

Usi: ideale per alimenti come cetrioli, pomodori e cipolle, dove anche le fette influiscono sia sulla presentazione che sul tempo di cottura.

Metodo: esegui un movimento fluido in avanti con una pressione minima verso il basso, tenendo le dita piegate all'indietro per proteggerle mentre guidi il coltello.

3. Tagliare a cubetti

Descrizione: il taglio a cubetti consiste nel tagliare gli ingredienti in cubetti piccoli e di dimensioni uniformi.

Usi: comunemente utilizzato per ingredienti in zuppe, insalate e salse, dove pezzi più piccoli e uniformi favoriscono una cottura uniforme.

Metodo: per prima cosa tagliare l'ingrediente in fette uniformi, quindi impilarle e tagliarle a strisce prima di ruotarle e tagliarle a cubetti.

4. Macinazione

Descrizione: la macinazione produce pezzi molto piccoli e tritati finemente, spesso per aromi e condimenti come aglio, zenzero ed erbe aromatiche.

Usi: utilizzato frequentemente quando si desidera che gli ingredienti si integrino bene in un piatto, rilasciando sapori senza creare pezzi più grandi.

Procedimento: raccogli gli ingredienti in una pila e tieni la punta del coltello contro il tagliere. Tritare continuamente con un movimento oscillatorio fino a raggiungere la finezza desiderata.

Padroneggiare queste quattro tecniche ti fornirà le competenze necessarie per la maggior parte dei tipi di preparazione degli ingredienti, garantendo coerenza, controllo e una migliore presentazione.

Esercizi pratici per sviluppare precisione e velocità

Acquisire confidenza con il tuo coltello richiede pratica. Questi esercizi ti aiuteranno a migliorare sia la precisione che la velocità, sviluppando la memoria e il controllo muscolare.

1. Dadi di cipolla

Scopo: Esercitarsi a tagliare a dadini per ottenere rapidamente pezzi uniformi.

Esercizio: taglia una cipolla a metà, sbucciala e fai dei tagli orizzontali e verticali per creare una griglia. Terminare affettando per ottenere dadini uniformi. Ripeti più volte per sviluppare velocità e coerenza.

2. Carote alla julienne

Scopo: esercitarsi nell'affettatura e nel taglio di precisione.

Esercizio: monda e sbuccia una carota, tagliala in sezioni di 2-3 pollici, quindi affettala longitudinalmente in lastre sottili. Impilare e tagliare a pezzetti grandi quanto un fiammifero. Questo esercizio crea controllo e precisione per compiti delicati.

3. Tritare l'aglio

Scopo: Esercitarsi a tagliare finemente e sviluppare il controllo.

Esercizio: usa 3-4 spicchi d'aglio, schiacciali con il lato del coltello e tritali in piccoli pezzi uniformi. Ripeti più volte per affinare il controllo sui piccoli tagli.

4. Affettare il pomodoro

Scopo: esercitarsi nell'uso di un coltello seghettato con prodotti delicati.

Esercizio: usa un coltello seghettato per tagliare i pomodori in rondelle uniformi, concentrandoti su tagli lisci e consistenti. Questo aiuta a maneggiare gli ingredienti delicati senza schiacciarli.

Praticare questi esercizi quotidianamente o settimanalmente migliorerà il controllo, la precisione e la sicurezza nel lavoro con il coltello.

Suggerimenti per una preparazione efficiente di verdure e proteine

L'efficienza in cucina deriva da un lavoro di preparazione organizzato e coerente. Questi suggerimenti ti aiuteranno a semplificare la preparazione di verdure e proteine mantenendo la precisione.

1. Configura una stazione di preparazione

Crea un'area designata: riserva una parte del bancone al taglio, con tutti gli strumenti e gli ingredienti necessari a portata di mano.

Tieni le ciotole pronte: usa ciotole separate per ingredienti tritati, scarti e oggetti pronti all'uso. Ciò riduce al minimo i viaggi nella spazzatura e mantiene il tuo spazio di lavoro in ordine.

2. Metti in sequenza la tua preparazione

Prepara insieme ingredienti simili: se una ricetta richiede cipolle, carote e sedano tritati, prepara ciascun ingrediente in sequenza. Ciò consente di risparmiare tempo ed evitare di dover pulire nuovamente gli strumenti.

Usa il coltello in modo efficiente: quando possibile, taglia gli ingredienti nella stessa dimensione e forma. Ciò semplifica la preparazione e consente il taglio in lotti, riducendo il tempo impiegato per cambiare tecnica.

3. Preparazione efficiente delle verdure

Elaborazione in lotti: per ricette che utilizzano più verdure, pulire e tagliare tutte le verdure prima di iniziare a tritarle. Lavora ogni tipo di verdura in lotti (ad esempio, taglia a dadini tutte le cipolle, poi taglia a dadini tutte le carote).

Sbucciare solo quando necessario: non tutte le verdure hanno bisogno di essere sbucciate. Ad esempio, le carote e le patate spesso conservano le sostanze nutritive nella buccia.

Sbucciare solo quando la ricetta o il gusto lo richiedono.

4. Preparazione efficiente delle proteine

Congelamento parziale per precisione: se stai affettando la carne sottilmente (ad esempio per friggerla), prova a congelarla per 10-15 minuti prima. Questo rassoda le proteine, rendendo più facile tagliarle in pezzi uniformi.

Tagliare e Porzionare: rimuovere il grasso in eccesso, il tessuto connettivo o le ossa prima di tagliare le proteine. Per i tagli più grandi, porzionarli in pezzi più piccoli e maneggevoli per garantire una cottura uniforme.

5. Mantenere la coerenza con le tecniche del coltello

Usa una pressione costante: applica una pressione uniforme durante il taglio per evitare dimensioni irregolari e migliorare la presentazione dei tuoi ingredienti.

Pratica una presa salda: tieni saldamente il coltello, usando la presa a pizzico (pizzicando la lama tra il pollice e l'indice). Ciò fornisce maggiore controllo e precisione rispetto al solo tenere la maniglia.

Queste tecniche ti consentono di completare la preparazione in modo rapido e accurato, riducendo il tempo in cucina e ottenendo risultati più coerenti nei tuoi piatti.

Conclusione

Abilità efficaci con i coltelli costituiscono il nucleo di una preparazione efficiente del cibo. Usando i coltelli giusti, padroneggiando le tecniche di taglio delle chiavi ed esercitandoti regolarmente, migliorerai la tua capacità di preparare gli ingredienti con precisione e velocità. Con uno sforzo costante, queste tecniche diventano una seconda natura, trasformando il modo in cui lavori in cucina e gettando le basi per abilità culinarie avanzate.

Capitolo 4

Pianificazione dei pasti per il successo

La pianificazione dei pasti è un approccio pratico che semplifica il processo di cottura, riduce gli sprechi alimentari e supporta abitudini alimentari sane. Una pianificazione efficace dei pasti può essere adattata a qualsiasi stile di vita, che tu stia cucinando per una famiglia, preparando i pasti per qualcuno o gestendo un programma fitto di appuntamenti. Questo capitolo fornisce i fondamenti della pianificazione dei pasti, compreso come strutturare pasti equilibrati, organizzare un calendario settimanale di preparazione dei pasti e fare un uso creativo degli avanzi.

I fondamenti della pianificazione dei pasti per qualsiasi stile di vita

La pianificazione dei pasti ti aiuta a rimanere organizzato, risparmiare tempo e controllare le porzioni. La chiave per pianificare con successo i pasti è creare un approccio flessibile che si adatti alle tue esigenze, al tuo programma e ai tuoi obiettivi dietetici.

1. Identificazione dei tuoi obiettivi

Considera le tue preferenze dietetiche: se stai cercando di incorporare più pasti a base vegetale, ridurre i carboidrati o semplicemente mangiare pasti equilibrati e nutrienti, identifica i tuoi obiettivi per personalizzare di conseguenza il tuo piano alimentare.

Stabilisci un programma realistico: valuta quanti pasti e spuntini ti occorrono ogni giorno, tenendo presente eventuali pasti fuori programma. Dedica dei giorni alla preparazione dei pasti in anticipo e pensa a quanto tempo puoi realisticamente dedicare alla cucina ogni giorno.

2. Scegliere saggiamente le ricette

Mantieni la semplicità: concentrati sulle ricette che corrispondono alle tue abilità culinarie, al tempo a disposizione e agli ingredienti. Opta per pasti che utilizzano ingredienti simili per ridurre gli sprechi e semplificare la lista della spesa.

Pianifica la varietà: ruota proteine, verdure e cereali per evitare la monotonia e garantire un apporto equilibrato di nutrienti. Se stai provando nuove ricette, punta a non più di una o due alla settimana per mantenere le cose gestibili.

3. Organizzare una lista della spesa

Categorizza gli ingredienti: raggruppa gli ingredienti per sezioni del negozio di alimentari (prodotti agricoli, latticini, proteine, cereali, ecc.) per semplificare la spesa.

Attieniti all'essenziale: annota solo gli elementi necessari per il tuo piano alimentare per ridurre gli acquisti d'impulso e rispettare il budget. Considera le quantità per evitare di acquistare eccessivamente articoli deperibili.

4. Preparare gli ingredienti in anticipo

Cucina in batch e pre-trita: risparmia tempo cuocendo in batch proteine e cereali e pre-tritando le verdure durante la giornata di preparazione. Ciò semplifica l'assemblaggio dei pasti durante la settimana.

Conservare gli ingredienti correttamente: utilizzare contenitori ermetici per gli ingredienti preparati ed etichettarli con le date per tenerne traccia della freschezza. Conserva gli articoli nel frigorifero nell'ordine in cui li utilizzerai per mantenerne la qualità.

Questi principi fondamentali per la pianificazione dei pasti semplificano il processo di preparazione e ti aiutano a rimanere organizzato, assicurandoti di avere tutto il necessario per preparare i pasti in modo efficiente.

Strutturare pasti equilibrati e comprendere le porzioni

I pasti bilanciati forniscono i nutrienti di cui il tuo corpo ha bisogno per un'energia sostenuta e un benessere generale. Un pasto equilibrato include in genere una fonte di proteine, carboidrati complessi, grassi sani e molta frutta o verdura.

1. Scegliere i macronutrienti per l'equilibrio

Proteine: le proteine ti mantengono sazio e supportano la crescita e la riparazione dei muscoli. Includi nei tuoi pasti carni magre, pollame, pesce, tofu, fagioli o lenticchie.

Carboidrati complessi: i cereali integrali, come riso integrale, quinoa, avena e pasta integrale, forniscono energia e ti mantengono soddisfatto.

Grassi sani: i grassi sani supportano la funzione cerebrale e migliorano l'assorbimento dei nutrienti. Includi grassi come avocado, olio d'oliva, noci e semi.

Frutta e verdura: i prodotti freschi forniscono vitamine, minerali e fibre essenziali. Punta a una varietà di colori per garantire un'ampia gamma di nutrienti.

2. Linee guida sulle porzioni

Proteine: una porzione standard è di 3-4 once di carne o proteine vegetali, più o meno le dimensioni di un mazzo di carte.

Carboidrati: mira a mezza tazza di cereali o verdure amidacee per pasto, o circa le dimensioni del tuo pugno.

Grassi: utilizzare circa un cucchiaio di oli, noci o semi per pasto.

Verdure: riempi metà del piatto con una varietà di verdure, dando priorità alle verdure a foglia verde e ad altre opzioni non amidacee per un'aggiunta ricca di fibre e ipocalorica.

3. Visualizzare il tuo piatto

Mezza verdura: riempi metà del piatto con verdure per massimizzare l'apporto di nutrienti mantenendo le calorie moderate.

Un quarto di proteine: utilizza un quarto del piatto per le proteine per garantire un potere saziante sufficiente.

Quarto di carboidrati: utilizza il quarto rimanente per i carboidrati, bilanciandolo con il resto del pasto.

Strutturare i pasti con queste linee guida aiuta a garantire che ogni pasto sia nutrizionalmente equilibrato, promuove abitudini alimentari sane e semplifica il controllo delle porzioni.

Pianificazione dei pasti per la settimana e utilizzo di un calendario di preparazione

Un calendario di preparazione ben organizzato ti aiuta a pianificare i pasti per la settimana, riducendo lo stress e risparmiando tempo ogni giorno. Segui questi passaggi per creare un piano alimentare settimanale gestibile e massimizzare la tua produttività.

1. Selezionare un giorno per la preparazione dei pasti

Scegli un giorno per la preparazione: scegli un giorno, ad esempio la domenica, per preparare gli ingredienti, cucinare in grandi quantità e organizzare i pasti per la settimana. Questa preparazione iniziale ridurrà i tempi di cottura giornalieri.

Pianifica i check-in: prenditi qualche minuto a metà settimana per valutare ciò che ti è rimasto, modificare i pasti e preparare eventuali articoli aggiuntivi se necessario.

2. Pianifica i tuoi pasti settimanali

Usa un'agenda settimanale: annota ogni pasto e spuntino che intendi consumare ogni giorno, annotando ricette o ingredienti specifici.

Includere colazioni, pranzi, cene ed eventuali spuntini.

Assegna serate a tema: per semplificare la pianificazione, designa serate a tema, come lunedì senza carne, martedì con taco o venerdì saltati in padella. Ciò aggiunge varietà senza dover ricominciare da capo ogni settimana.

3. Prepara gli ingredienti per le ricette della settimana

Batch Cook Staples: prepara grandi quantità di proteine, cereali o fagioli che possono essere utilizzati in diversi pasti durante la settimana.

Trita le verdure: pre-trita tutte le verdure di cui hai bisogno, come cipolle, peperoni, carote o verdure. Conservali in contenitori ermetici in modo che siano pronti per l'uso.

4. Etichettare e conservare i pasti per un facile accesso

Etichettare i contenitori: etichettare i contenitori con il nome e la data del pasto per evitare confusione e assicurarsi di consumare i pasti nel giusto ordine.

Utilizza contenitori adatti al congelatore: per gli alimenti che non mangerai entro pochi giorni, utilizza contenitori adatti al congelatore per prolungare la freschezza ed evitare sprechi.

Con un piano alimentare strutturato e un programma di preparazione, ridurrai al minimo il tempo trascorso a cucinare ogni giorno, facilitando il rispetto dei pasti pianificati.

Suggerimenti per utilizzare gli avanzi in modo creativo

Un utilizzo efficiente degli avanzi può far risparmiare tempo e denaro, consentendoti di ridurre gli sprechi alimentari e trasformare ingredienti familiari in nuovi entusiasmanti pasti.

1. Reinventare le proteine rimanenti

Prepara wrap o tacos: usa il pollo alla griglia, la bistecca o le verdure arrostite avanzate come ripieno per wrap, tacos o quesadillas. Aggiungi verdure fresche, salsa e formaggio per un nuovo profilo aromatico.

Crea patatine fritte: unisci le proteine avanzate con verdure fresche o surgelate in una salsa saltata in padella per un pasto veloce e saporito.

Aggiungi a zuppe o stufati: sminuzza o taglia a dadini le proteine avanzate e aggiungile a zuppe, stufati o curry per aggiungerli a un altro pasto.

2. Utilizzo di cereali e verdure cotti

Ciotole di riso o cereali fritti: trasforma il riso o i cereali avanzati in ciotole di riso o cereali fritti aggiungendo verdure, una fonte proteica e una salsa saporita.

Condimenti per insalata: aggiungi verdure e cereali arrostiti o al vapore alle insalate per un pasto abbondante e ricco di nutrienti. Condire con verdure e condimento per un tocco fresco.

Salsa di pasta: usa i cereali o le verdure avanzati come aggiunta ai piatti di pasta, mescolandoli con salsa marinara, Alfredo o pesto per un pasto equilibrato e riscaldato.

3. Utilizzo degli avanzi di pane e latticini

Piatti a base di pane: trasforma il pane raffermo in crostini per insalate, pangrattato per rivestire o persino toast alla francese per una colazione veloce.

Aggiunte di formaggio: utilizzare il formaggio avanzato in casseruole, gratin o come condimento per piatti al forno. Anche il formaggio grattugiato si congela bene per un uso futuro.

4. Etichettare e conservare correttamente gli avanzi

Etichetta e data: conserva gli avanzi in contenitori etichettati con la data e il contenuto, in modo che sia facile vedere cosa hai a disposizione.

Refrigerare o congelare tempestivamente: riporre gli avanzi nel frigorifero entro due ore dalla cottura per garantire freschezza e sicurezza. Congela gli articoli che non utilizzerai entro 3-4 giorni.

Usare gli avanzi in modo creativo mantiene i tuoi pasti vari e ti aiuta a sfruttare al massimo ogni ingrediente.

Conclusione

La pianificazione dei pasti è un potente strumento che rende cucinare e mangiare bene in modo più efficiente, gestibile e divertente. Strutturando pasti equilibrati, organizzando un piano settimanale e utilizzando gli avanzi in modo ponderato, puoi semplificare il processo di cottura, ridurre gli sprechi e migliorare la tua esperienza culinaria. Con queste strategie, sei attrezzato per rimanere organizzato, risparmiare tempo e goderti pasti su misura per il tuo stile di vita e i tuoi obiettivi.

Capitolo 5

Preparazione e conservazione degli ingredienti freschi

Preparare e conservare gli ingredienti freschi è un passo essenziale nella pianificazione efficiente dei pasti, poiché consente di mantenere la qualità, massimizzare la freschezza e ridurre gli sprechi. Le corrette tecniche di manipolazione, taglio e conservazione di frutta, verdura ed erbe aromatiche possono fare una grande differenza in termini di sapore e consistenza, mentre gli aggiustamenti stagionali garantiscono che gli ingredienti rimangano freschi tutto l'anno. Questo capitolo fornisce una guida dettagliata sulle migliori pratiche per preparare e conservare gli ingredienti freschi, aiutandoti a prolungarne la durata di conservazione e a ottimizzare la routine in cucina.

Migliori pratiche per lavare, sbucciare e tagliare le verdure

Preparare correttamente le verdure all'inizio della settimana può farti risparmiare tempo e migliorare il gusto e la consistenza dei tuoi piatti. Pulisci, sbuccia e trita le verdure seguendo questi suggerimenti per mantenerle fresche e pronte all'uso.

1. Lavare le verdure

Tempistiche: lavate le verdure solo subito prima di essere pronte per prepararle o cucinarle. Lavare troppo presto può introdurre umidità che accelera il deterioramento.

Procedimento: Sciacquare bene le verdure sotto l'acqua corrente fredda. Per oggetti come le verdure a foglia verde, immergili in una ciotola di acqua fredda, agita delicatamente, quindi risciacqua per rimuovere sporco e sabbia.

Asciugatura: utilizzare un canovaccio pulito o una centrifuga per insalata per asciugare le verdure a foglia verde e altre verdure dopo averle lavate. L'umidità in eccesso può portare a un deterioramento più rapido, quindi assicurati che gli ingredienti siano completamente asciutti prima di riporli.

2. Tecniche di peeling

Pelare gli ortaggi a radice: per verdure come carote, patate e pastinaca, un pelapatate offre controllo e riduce al minimo gli sprechi. Tieni saldamente la verdura e staccala dal corpo per evitare lesioni.

Rimozione della pelle da pomodori e peperoni: per sbucciare facilmente pomodori o peperoni, sbollentarli brevemente in acqua bollente (15-30 secondi) e poi trasferirli in acqua ghiacciata. Le bucce si sfileranno più facilmente preservando la polpa.

Lasciare la buccia: non tutte le verdure hanno bisogno di essere sbucciate, poiché molte conservano preziose sostanze nutritive nella buccia. Considera l'idea di lasciare la buccia sulle verdure dalla buccia sottile come zucchine e cetrioli, a meno che la ricetta non richieda espressamente la buccia.

3. Tritare e tagliare le verdure

Tagli uniformi: punta a tagli uniformi, soprattutto quando prepari le verdure per la cottura. Le dimensioni uniformi consentono una cottura uniforme, sia che tu stia arrostendo, cuocendo al vapore o saltando.

Utilizzare tecniche appropriate: utilizzare tecniche di taglio, cubetti o julienning a seconda della ricetta. Ad esempio, le braciole grossolane funzionano bene per zuppe e stufati, mentre i dadini fini o i tagli a julienne possono essere migliori per insalate o fritture.

Conservazione: Per le verdure che si scuriscono facilmente dopo il taglio, come patate o mele, metterle in una ciotola d'acqua con un goccio di succo di limone per evitare l'ossidazione. Scolare e asciugare bene prima della cottura.

Tecniche di pretaglio, sbollentamento e congelamento

Pretagliare, sbollentare e congelare sono metodi efficaci per preparare in anticipo gli ingredienti freschi, risparmiando tempo e preservando i nutrienti. Comprendere queste tecniche garantisce che le verdure mantengano il colore, la consistenza e il sapore durante la conservazione.

1. Verdure pre-tagliate

Scelta delle verdure: le verdure più resistenti, come carote, sedano, peperoni e cipolle, possono essere pretagliate senza una significativa perdita di freschezza. Le verdure più morbide, come cetrioli e pomodori, è meglio tagliarle appena prima dell'uso per mantenerne la consistenza.

Conservazione: conservare le verdure pretagliate in contenitori ermetici rivestiti con carta assorbente per assorbire l'umidità in eccesso. Sostituisci l'asciugamano secondo necessità per evitare che si inumidisca e prolungare la freschezza.

2. Sbollentare le verdure

Scopo: sbollentare aiuta a preservare colore, sapore e consistenza, rendendolo un metodo ideale per le verdure che intendi congelare o conservare più a lungo. Cuocere brevemente le verdure in acqua bollente e poi immergerle in acqua ghiacciata arresta l'attività enzimatica che può portare al deterioramento.

Procedimento: portare a ebollizione una grande pentola d'acqua e preparare un bagno di acqua ghiacciata. Sbollentare le verdure per

1–3 minuti (a seconda del tipo), quindi trasferirle immediatamente nel bagno di ghiaccio per raffreddarle completamente.

Scolare e asciugare: dopo averle sbollentate, scolare accuratamente le verdure e asciugarle per evitare bruciature da congelamento se si prevede di congelarle.

3. Congelare le verdure

Preparazione per il congelamento: posizionare le verdure sbollentate in un unico strato su una teglia e congelarle fino a quando non saranno solide. Questo passaggio impedisce la formazione di grumi, rendendo più facile prendere solo la quantità necessaria.

Imballaggio: trasferire le verdure congelate in sacchetti o contenitori ermetici per congelatore, rimuovendo quanta più aria possibile per evitare bruciature da congelamento.

Etichettatura: etichettare sempre i sacchetti o i contenitori con il nome della verdura e la data. La maggior parte delle verdure surgelate conserva la qualità per 8-12 mesi, quindi tenerne traccia aiuta a evitare inutili sprechi.

Queste tecniche ti consentono di conservare le verdure fresche più a lungo e di mantenerne la qualità, facilitando l'integrazione di ingredienti ricchi di nutrienti nei tuoi pasti.

Suggerimenti per mantenere erbe, verdure e frutta fresche più a lungo

Erbe, verdure e frutta spesso hanno una durata di conservazione più breve, quindi metodi di conservazione adeguati sono essenziali per mantenerli freschi e saporiti. Segui questi consigli per sfruttare al meglio questi delicati ingredienti.

1. Erbe

Conservazione delle erbe morbide: le erbe morbide come basilico, coriandolo e prezzemolo traggono vantaggio dall'essere conservate con i gambi immersi nell'acqua. Metti le erbe in un bicchiere d'acqua, copri liberamente con un sacchetto di plastica e conserva in frigorifero. Cambia l'acqua ogni pochi giorni per mantenerla fresca.

Conservazione delle erbe dure: le erbe più dure come il rosmarino, il timo e la salvia durano più a lungo se avvolte in un tovagliolo di carta umido e poste in un sacchetto richiudibile. Conservateli in frigorifero ed evitate l'eccesso di umidità per evitare che appassiscano.

Congelare le erbe: per la conservazione a lungo termine, tritare le erbe fresche e congelarle in olio d'oliva o acqua utilizzando un vassoio per cubetti di ghiaccio. Questo metodo ne preserva il sapore durante la cottura, facilitando l'aggiunta di un cubo ai piatti secondo necessità.

2. Verdi

Asciugatura e conservazione: asciugare accuratamente le verdure dopo il lavaggio per evitare che si inzuppino. Avvolgeteli in un tovagliolo di carta e conservateli in un sacchetto richiudibile o in un contenitore con fori di ventilazione. Sostituisci il tovagliolo di carta se diventa umido.

Evitare la compressione: evitare di imballare le verdure in modo troppo stretto nel contenitore di conservazione, poiché ciò può causare ammaccature e portare a un deterioramento più rapido.

Ravvivare le verdure appassite: se le verdure iniziano ad appassire, ravvivarle immergendole in acqua fredda per 10-15 minuti. Ciò può ripristinare la freschezza, soprattutto con verdure sostanziose come cavoli o lattuga romana.

3. Frutta

Separazione della frutta che produce etilene: alcuni frutti, come mele, banane e pomodori, rilasciano gas etilene, che può far maturare e deteriorare più velocemente altri prodotti. Conservarli separatamente dagli alimenti sensibili all'etilene come frutti di bosco e verdure a foglia verde.

Refrigerazione di bacche e uva: conservare bacche e uva in un contenitore traspirante rivestito con un tovagliolo di carta per assorbire l'umidità in eccesso. Evitare di lavarli fino al momento del consumo per evitare la formazione di muffe.

Congelare la frutta per un uso successivo: per la frutta prossima alla maturazione, tagliarla in pezzi più piccoli e congelarla su una teglia. Una volta congelato, trasferiscilo in un sacchetto per congelatore per utilizzarlo in frullati, dessert o salse.

Seguendo queste linee guida, puoi massimizzare la durata di conservazione degli ingredienti delicati, ridurre gli sprechi e assicurarti di avere sempre erbe, verdure e frutta fresche a portata di mano per i tuoi pasti.

Regolazione stagionale della preparazione e conservazione degli ingredienti

I prodotti stagionali hanno spesso esigenze di conservazione diverse in base al clima e alle condizioni di crescita. Modifica le tue tecniche di preparazione e conservazione per adattarle al mutare delle stagioni per freschezza e gusto ottimali.

1. Prodotti primaverili ed estivi

Bacche, peperoni e cetrioli: questi frutti e verdure caldi sono più delicati e hanno una durata di conservazione più breve. Conservarli con un'umidità minima e consumare entro pochi giorni dall'acquisto.

Verdure a foglia ed erbe aromatiche: la primavera e l'estate forniscono un'abbondanza di verdure fresche ed erbe aromatiche. Rinfresca regolarmente le verdure in acqua fredda se si verificano avvizzimenti e conserva le erbe con i gambi in acqua per prolungarne la freschezza.

2. Prodotti autunnali e invernali

Ortaggi a radice e zucca: le verdure più sostanziose come le carote, le patate dolci e la zucca invernale hanno una durata di conservazione più lunga. Conservare gli ortaggi a radice in un luogo fresco e buio e conservare la zucca a temperatura ambiente fino al taglio.

Cavoli e cavolini di Bruxelles: queste verdure si conservano bene in frigorifero e durano fino a diverse settimane. Conservateli avvolti nella plastica o in un sacchetto per prodotti traspirante.

3. Regolazione delle condizioni di conservazione

Controllo dell'umidità: la maggior parte della frutta e della verdura si conserva bene in un cassetto umido del frigorifero, ma alcuni alimenti, come funghi, cipolle e aglio, richiedono un ambiente più asciutto. Conservateli fuori dal frigorifero in un'area ben ventilata.

Acquistare quantità più piccole: poiché alcuni articoli sono più deperibili nelle stagioni più calde, acquista quantità minori di prodotti delicati per ridurre il deterioramento e mantenere gestibile lo stoccaggio.

La regolazione dei metodi di conservazione e preparazione in base alla stagione garantisce che i tuoi ingredienti rimangano freschi più a lungo, preservando sia il sapore che il valore nutrizionale.

Conclusione

Preparare e conservare correttamente gli ingredienti freschi è un'abilità che ripaga in cucina, riducendo gli sprechi e migliorando la qualità dei tuoi pasti. Seguendo queste tecniche di lavaggio, sbucciatura e taglio e utilizzando metodi di conservazione su misura per le esigenze di ciascun ingrediente, avrai sempre a portata di mano ingredienti freschi e pronti all'uso. L'adattamento stagionale del tuo approccio manterrà la tua cucina efficiente tutto l'anno, rendendo la preparazione dei pasti più agevole e piacevole.

Capitolo 6

Tecniche di cottura per il preparatore alimentare

Padroneggiare le tecniche di cucina essenziali ti consente di gestire un'ampia gamma di ingredienti e di esaltare i migliori sapori e consistenze in ogni piatto. Questo capitolo introduce i metodi fondamentali come bollire, rosolare, arrostire e cuocere a vapore, spiegando quando e come utilizzare ciascuna tecnica in modo efficace. Troverai anche ricette pratiche progettate per aiutarti a perfezionare queste abilità, insieme a strategie di cottura in lotti che ti fanno risparmiare tempo e ti assicurano di avere sempre componenti preparati pronti per l'uso.

Panoramica dei metodi di cottura essenziali

Ogni metodo di cottura ha usi specifici che aiutano a ottenere sapori, consistenze e risultati nutrizionali diversi. Ecco una panoramica delle tecniche più comunemente utilizzate:

1. Ebollizione

Definizione: la bollitura prevede la cottura del cibo in una grande quantità di acqua riscaldata fino al punto di ebollizione (100 °C/212 °F).

Ideale per: cucinare pasta, cereali, ortaggi a radice e legumi.

Vantaggi: l'ebollizione è un metodo rapido per cucinare ingredienti amidacei, ammorbidire le consistenze dure e reidratare i cibi secchi.

Limitazioni: è possibile che alcuni nutrienti vengano dispersi dalle verdure nell'acqua, anche se questo può essere ridotto al minimo utilizzando una quantità minima di acqua e non cuocendo troppo.

2. Soffriggere

Definizione: il soffritto è un metodo di cottura rapido che utilizza una piccola quantità di olio o grasso in una padella calda, spesso a fuoco medio-alto.

Ideale per: cucinare verdure tenere, rosolare le proteine e creare basi dal sapore ricco per zuppe e salse.

Vantaggi: il soffritto caramella gli zuccheri naturali degli ingredienti, esaltandone il sapore e mantenendo la croccantezza delle verdure.

Limitazioni: Richiede costante attenzione per evitare bruciature ed è più adatto per piccole quantità di cibo.

3. Torrefazione

Definizione: la tostatura prevede la cottura del cibo in un forno, generalmente a temperature elevate (200 °C/400 °F o superiori), consentendo al calore di circolare uniformemente.

Ideale per: ortaggi a radice, carne, pesce e tagli più grandi che beneficiano di una crosta caramellata.

Vantaggi: produce un sapore profondo e complesso e un esterno fresco mantenendo umido l'interno.

Limitazioni: richiede più tempo rispetto ai metodi del piano cottura e richiede il preriscaldamento, ma la cottura batch può renderlo efficiente.

4. Cottura a vapore

Definizione: la cottura a vapore utilizza il vapore caldo per cuocere il cibo, solitamente in una pentola coperta o in un cestello per la cottura a vapore.

Ideale per: verdure, pesce e proteine delicate come i crostacei.

Vantaggi: la cottura a vapore è un metodo delicato che preserva le sostanze nutritive, il colore e la consistenza e non richiede olio o grassi.

Limitazioni: non crea caramellizzazione, quindi il sapore tende ad essere più delicato, sebbene funzioni bene con erbe fresche e salse.

Come utilizzare ciascuna tecnica in modo efficace per vari ingredienti

Sapere come applicare queste tecniche a diversi tipi di ingredienti ti aiuterà a ottenere i migliori risultati possibili in cucina.

1. Suggerimenti per la bollitura

Pasta e cereali: utilizzare una pentola capiente con abbondante acqua e sale per condire la pasta o i cereali durante la cottura. Evitare di sovraffollare la pentola, poiché ciò potrebbe causare una cottura non uniforme.

Verdure: per le verdure verdi, lessarle in acqua salata per qualche minuto, quindi trasferirle in acqua ghiacciata per mantenerne il colore vivace. Per gli ortaggi a radice, bollire finché sono teneri li rende pronti per essere schiacciati o ridotti in purea.

Legumi: lasciare in ammollo i legumi durante la notte riduce i tempi di cottura e li rende più digeribili. Far bollire fino a quando saranno teneri ma non molli, testando la cottura ogni pochi minuti.

2. Consigli per il soffritto

Verdure: scaldare prima la padella, quindi aggiungere l'olio e lasciarlo scaldare finché non diventa luccicante prima di aggiungere le verdure. Mescolare di tanto in tanto per evitare che si attacchi e favorire una doratura uniforme.

Proteine: per ottenere risultati ottimali, asciugare le proteine come pollo, manzo o tofu per evitare l'eccesso di umidità e favorire la doratura. Cuocere in un unico strato per consentire a ciascun pezzo di rosolare in modo uniforme.

Basi aromatizzanti: usa il soffritto per creare basi aromatiche con ingredienti come cipolle, aglio e spezie. Saltarli prima ne intensifica i sapori ed esalta zuppe, salse e stufati.

3. Consigli per la tostatura

Verdure: condire con olio, sale e pepe prima di distribuirle su una teglia in un unico strato. Il calore elevato (400–450 °F) esalta la dolcezza e aggiunge una consistenza croccante.

Carni: per i polli interi o i tagli di carne più grandi, iniziare a fuoco alto per creare una crosta scottata, quindi ridurre per cuocere in modo uniforme. Usa un termometro per carne per controllare la cottura ed evitare che cuocia troppo.

Cottura uniforme: se si arrostiscono verdure o tagli diversi, raggruppare gli alimenti in base al tempo di cottura per evitare che alcuni cuociano troppo mentre altri sono poco cotti.

4. Consigli per la cottura a vapore

Verdure e verdure delicate: cuocere a vapore verdure come spinaci e cavoli per pochi minuti fino a quando diventano verdi brillanti e tenere. La cottura a vapore delle verdure delicate preserva i nutrienti meglio della bollitura.

Pesce e crostacei: la cottura a vapore di pesce o crostacei previene l'essiccazione e li mantiene teneri. Condire con erbe fresche e fette di limone prima di cuocerle al vapore per esaltarne il sapore.

Tempi e consistenza: la cottura a vapore è rapida, quindi controlla attentamente per evitare una cottura eccessiva. Ad esempio, i broccoli necessitano solo di circa 5-7 minuti, mentre le carote possono richiedere 10-12 minuti.

Ricette pratiche che aiutano a padroneggiare ogni metodo

Ecco alcune ricette pratiche progettate per aiutarti a sviluppare sicurezza con ogni tecnica di cottura:

1. Pasta Lessa Con Verdure

Ingredienti: 1 libbra di pasta, 1 tazza di broccoli tritati, 1 tazza di pomodorini, olio d'oliva, sale e pepe.

Istruzioni:

Lessare la pasta in acqua salata fino al dente. Negli ultimi 2 minuti aggiungete i broccoli nella pentola.

Scolatele e conditele con i pomodorini, un filo d'olio, sale e pepe.

Questa semplice ricetta mostra come unire pasta e verdure in un'unica pentola, risparmiando tempo e assicurando che tutto sia cotto in modo uniforme.

2. Fagiolini all'aglio saltati

Ingredienti: 1 libbra di fagiolini, 2 spicchi d'aglio (tritati), 1 cucchiaio di olio d'oliva, sale e pepe.

Istruzioni:

Scaldare l'olio d'oliva in una padella, aggiungere l'aglio e rosolare finché non diventa fragrante (circa 30 secondi). Aggiungere i fagiolini e cuocere per 5-7 minuti, mescolando di tanto in tanto.

Questo esercizio aiuta a sviluppare il controllo sul calore e sui tempi per evitare che l'aglio bruci e ottenere fagioli teneri e croccanti.

3. Ortaggi a radice arrostiti

Ingredienti: 1 libbra di ortaggi a radice mista (carote, patate, pastinaca), 2 cucchiai di olio d'oliva, sale, pepe, rosmarino fresco.

Istruzioni:

Preriscaldare il forno a 425 ° F. Condire le verdure tritate con olio, sale, pepe e rosmarino, quindi distribuirle in un unico strato su una teglia. Arrostire per 30-35 minuti, mescolando a metà cottura.

Questo piatto mette in mostra la capacità della tostatura di esaltare la dolcezza degli ortaggi a radice ottenendo un esterno croccante.

4. Salmone al limone al vapore con asparagi

Ingredienti: 1 filetto di salmone, 1 mazzetto di asparagi, fette di limone, sale, pepe, aneto fresco.

Istruzioni:

Metti il salmone e gli asparagi in una vaporiera, condisci con sale, pepe, fette di limone e aneto. Cuocere a vapore per 8-10 minuti fino a quando il salmone sarà cotto e gli asparagi saranno teneri.

Questa ricetta dimostra la cottura delicata e uniforme della cottura a vapore, mettendo in risalto gli ingredienti freschi con un condimento minimo.

Queste ricette si concentrano sullo sviluppo della competenza in ciascun metodo, aiutandoti ad acquisire sicurezza in cucina.

Utilizzo della cottura in lotti per massimizzare tempo ed efficienza

La cottura in batch è un modo efficiente per preparare più pasti contemporaneamente, risparmiando tempo e assicurandoti di avere componenti pronti all'uso per vari piatti. Ecco le strategie per la cottura in batch con ciascuna tecnica:

1. Cottura batch mediante bollitura

Cuocere gli alimenti di base alla rinfusa: far bollire grandi quantità di pasta, riso, quinoa o legumi e porzionarli in contenitori per la settimana.

Conservare correttamente: raffreddare completamente prima di riporre in frigorifero. Questi ingredienti possono essere facilmente riscaldati o utilizzati freddi nelle insalate.

2. Verdure saltate in batch

Miscele di verdure: soffriggere cipolle, peperoni e funghi sfusi per facili aggiunte a frittate, tacos o pasta.

Conservazione e riscaldamento: porzionare in contenitori e conservare in frigorifero. Le verdure saltate si riscaldano rapidamente nel microonde o sul fornello, mantenendo il loro sapore e la loro consistenza.

3. Tostatura in batch di proteine e verdure

Arrosto in teglia: arrostire diverse verdure su una teglia (ad esempio patate dolci, carote e cavoletti di Bruxelles) insieme a cosce di pollo o tofu.

Componenti flessibili: usa gli alimenti arrostiti per tutta la settimana in ciotole, insalate, involtini o come contorni. La tostatura esalta il sapore e resiste bene al riscaldamento.

4. Cottura a vapore di verdure e cereali

Preparazione rapida delle verdure: cuoci a vapore una serie di verdure come spinaci, cavoli o broccoli e conservale in contenitori ermetici. Aggiungilo a zuppe, frullati o contorni durante la settimana.

Cereali multiuso: i cereali cotti a vapore come il cous cous, la quinoa e il bulgur possono essere cotti in batch e conservati per un uso versatile. Basta riscaldarlo secondo necessità.

La cottura in batch è un modo pratico per semplificare la preparazione dei pasti, consentendoti di preparare componenti versatili che possono essere combinati in vari modi durante la settimana. Padroneggiando queste tecniche di cottura e applicandole nella cottura batch, puoi creare in modo efficiente elementi costitutivi per pasti nutrienti e saporiti senza preparazione quotidiana.

Conclusione

Comprendere e praticare metodi di cottura essenziali come bollire, rosolare, arrostire e cuocere a vapore ti aiuterà a gestire un'ampia gamma di ingredienti con abilità e sicurezza. Ogni tecnica esalta sapori e consistenze diversi, aggiungendo versatilità alla tua cucina. Con l'aggiunta delle strategie di cottura batch, puoi sfruttare al massimo il tuo tempo in cucina, mantenendo una scorta costante di ingredienti pronti all'uso. Questa combinazione di competenze ti assicura di essere sempre pronto a mettere insieme pasti equilibrati e soddisfacenti in modo rapido ed efficiente, indipendentemente da un programma fitto di appuntamenti in vari modi durante la settimana. Padroneggiando queste tecniche di cottura e applicandole nella cottura batch, puoi creare in modo efficiente elementi costitutivi per pasti nutrienti e saporiti senza preparazione quotidiana.

Capitolo 7

Preparare le proteine come un professionista

Preparare le proteine in modo efficace è fondamentale per migliorare le tue abilità culinarie e garantire pasti equilibrati e saporiti. In questo capitolo tratteremo come selezionare, tagliare e conservare varie proteine, dalla carne alle opzioni di origine vegetale come il tofu. Esamineremo anche le tecniche essenziali di marinatura, condimento e precottura che aggiungono profondità ai tuoi piatti. Consigli pratici per porzionare e congelare le proteine aiutano a prolungarne la durata di conservazione e a mantenere flessibili i pasti. Infine, le ricette passo passo forniscono una base per preparare le proteine in anticipo, garantendo che siano sempre pronte per l'uso in qualsiasi ricetta.

Scelta, taglio e conservazione di diverse proteine

Ogni tipo di proteina richiede una manipolazione specifica per garantire qualità, sapore e sicurezza. Ecco una guida per selezionare, tagliare e conservare carne, pollame, pesce e tofu.

1. Carne (manzo, maiale e agnello)

Scelta: Cercate tagli con un buon equilibrio tra carne magra e grasso. La marmorizzazione, ovvero piccole striature di grasso all'interno del muscolo, aggiunge sapore e mantiene la carne tenera una volta cotta. Controlla il colore e la freschezza; il manzo deve essere rosso vivo, mentre il maiale e l'agnello hanno una tonalità rosa.

Rifilatura: rimuovere il grasso in eccesso e tutta la dura pelle argentata (uno strato argentato di tessuto connettivo) da tagli come il filetto di manzo o il filetto di maiale. La rifilatura aiuta la carne a cuocere in modo uniforme e riduce il sapore di selvaggina.

Conservazione: conservare la carne cruda in contenitori ermetici o avvolti strettamente nella plastica, posizionati sul ripiano inferiore del frigorifero per evitare la contaminazione incrociata. La carne fresca dura tipicamente 3-5 giorni in frigorifero; per una conservazione più lunga, congelare le porzioni in sacchetti congelatori resistenti.

2. Pollame (pollo e tacchino)

Scelta: optare per pollame con carne soda e rosa ed evitare quelli con un odore forte o una consistenza viscida. I tagli con osso sono più saporiti, mentre i tagli disossati cuociono più velocemente e sono più facili da maneggiare.

Rifilatura: rimuovere la pelle in eccesso e il grasso visibile, soprattutto su tagli più grandi come cosce o polli interi. Ciò riduce l'untuosità e mantiene la consistenza attraente.

Conservazione: conservare il pollame in contenitori sigillati nel frigorifero, idealmente per 1-2 giorni. Per una conservazione prolungata, congelare in sacchetti porzionati per evitare bruciature da congelamento.

3. Pesce e frutti di mare

Scelta: il pesce fresco deve avere occhi chiari e luminosi, carne soda e un odore delicato e salmastro. I filetti devono essere umidi, senza dorarsi o seccarsi attorno ai bordi.

Rifilatura: per i filetti, rimuovere eventuali lische (utilizzando una pinzetta per precisione) e la pelle in eccesso, se lo si desidera. I molluschi come i gamberetti potrebbero aver bisogno di essere sgusciati o privati delle venature.

Conservazione: il pesce e i frutti di mare si consumano al meglio entro 1-2 giorni. Conservare in frigorifero su un letto di ghiaccio, coperto senza stringere, oppure congelare immediatamente in sacchetti sottovuoto per preservarne la freschezza.

4. Tofu e proteine vegetali

Scelta: per fritture e grigliate, utilizzare tofu extra solido. Il tofu setoso è ideale per essere miscelato con salse o zuppe.

Rifinitura: premere il tofu per rimuovere l'acqua in eccesso, che ne migliora la consistenza e aiuta ad assorbire i sapori.

Conservazione: conservare in frigorifero il tofu aperto in acqua dolce, cambiando l'acqua ogni giorno per mantenerne la freschezza. Per la conservazione a lungo termine, congela il tofu, che cambia la sua consistenza ma aggiunge una qualità più soda e carnosa.

Tecniche di marinatura, condimento e precottura

Una marinatura, un condimento e una precottura efficaci esaltano il meglio delle tue proteine. Ecco i metodi fondamentali per migliorare sapore e tenerezza.

1. Marinatura

Scopo: la marinatura infonde sapore alle proteine e può intenerire i tagli di carne più duri. I componenti comuni di una marinata includono acido (come succo di limone o aceto), olio, sale e spezie.

Tempistiche: Per proteine delicate come il pesce, marinare per 15-30 minuti per evitare di "cuoccrc" la carne. Il pollame e il tofu necessitano di almeno 1-2 ore, mentre i tagli di carne più duri possono marinare fino a 24 ore.

Ricetta base della marinata:

Ingredienti: 1/4 tazza di olio d'oliva, 2 cucchiai di salsa di soia, 2 cucchiai di succo di limone, 2 spicchi d'aglio tritato, 1 cucchiaio di erbe fresche (come rosmarino o timo), sale e pepe.

Istruzioni: sbattere insieme gli ingredienti, versare sulle proteine in un piatto fondo o in un sacchetto richiudibile e conservare in frigorifero.

2. Condimento

Rub a secco: i rub a secco sono una miscela di spezie e sale strofinati direttamente sulle proteine, formando una crosta saporita. Utilizzare strofinamenti a secco sulle carni prima di arrostirle o grigliarle per un sapore profondo e saporito.

Ricetta base per lo sfregamento a secco:

Ingredienti: 1 cucchiaio di sale, 1 cucchiaio di paprika affumicata, 1 cucchiaino di pepe nero, 1 cucchiaino di aglio in polvere, 1 cucchiaino di cipolla in polvere e 1/2 cucchiaino di pepe di Cayenna.

Istruzioni: unire le spezie e strofinare generosamente sulla carne. Lasciare riposare da 15 minuti a tutta la notte per un sapore più intenso.

Condimento semplice: per sapori più leggeri, condisci le proteine con sale, pepe e una spolverata di erbe fresche. Utilizza questo approccio quando prevedi di cucinare proteine in salse o condimenti.

3. Tecniche di precottura

Rosolatura: la rosolatura delle proteine prima della cottura lenta o della tostatura conserva il sapore e crea una ricca crosta caramellata. Scaldare una padella con una piccola quantità di olio fino a quando sarà calda, quindi cuocere le proteine per 1-2 minuti per lato.

Sbollentare: sbollentare proteine come gamberetti o tofu aiuta a rimuovere le impurità e conferisce loro una consistenza più soda. Portare l'acqua a ebollizione, aggiungere le proteine per 1-2 minuti, quindi trasferirle in un bagno di ghiaccio.

Cottura al forno e alla griglia: queste tecniche sono eccellenti per preparare proteine sfuse. La cottura al forno è ideale per petti di pollo e pesci sodi come il salmone, mentre la cottura alla griglia caramella rapidamente la superficie per un'ulteriore esplosione di sapore.

Suggerimenti per porzionare e congelare le proteine

Il porzionamento e il congelamento efficaci ti consentono di avere proteine pronte all'uso, riducendo i tempi di preparazione e gli sprechi alimentari.

1. Porzionatura

Porzioni individuali: taglia le proteine come il petto di pollo, il tofu o la bistecca in porzioni grandi quanto un pasto. Questo aiuta a uniformare la cottura e rende più facile scongelare solo ciò di cui hai bisogno.

Miscele proteiche: per fritture o fajitas, tagliare le proteine a strisce e confezionarle con i condimenti. Questi mix possono essere cucinati rapidamente da congelati, risparmiando tempo nelle giornate impegnative.

2. Congelamento

Imballaggio corretto: posizionare le proteine in sacchetti adatti al congelatore, rimuovendo quanta più aria possibile per evitare bruciature da congelamento. La sigillatura sottovuoto è l'ideale, ma avvolgerla strettamente nella pellicola trasparente e poi nella pellicola funziona bene.

Etichettatura: scrivere il tipo di proteina, la dimensione della porzione e la data su ciascuna confezione. Le proteine congelate generalmente mantengono la qualità per 3-6 mesi, a seconda del tipo.

Scongelamento: per ottenere i migliori risultati, scongelare le proteine in frigorifero durante la notte. Se hai fretta, immergi i sacchetti sigillati in acqua fredda, cambiando l'acqua ogni 30 minuti fino allo scongelamento.

Ricette passo passo per preparare le proteine in anticipo

Queste ricette si concentrano sulla pre-preparazione delle proteine da utilizzare in vari piatti durante la settimana.

1. Pollo alla griglia alle erbe di limone

Ingredienti: 4 petti di pollo disossati e senza pelle, 1/4 di tazza di olio d'oliva, succo di 1 limone, 2 spicchi d'aglio (tritati), 1 cucchiaio di rosmarino fresco, sale e pepe.

Istruzioni:

Mescolare olio d'oliva, succo di limone, aglio, rosmarino, sale e pepe in un piatto fondo.

Aggiungere il pollo, ricoprirlo bene e marinarlo per almeno 1 ora.

Preriscaldare la griglia o la padella a una temperatura medio-alta. Grigliare il pollo per 5-6 minuti per lato o fino a cottura ultimata.

Conservazione: affettare e conservare in frigorifero per un massimo di 4 giorni o congelare in porzioni per un utilizzo successivo in insalate, piadine o ciotole di cereali.

2. Salmone Teriyaki al forno

Ingredienti: 4 filetti di salmone, 1/4 tazza di salsa di soia, 2 cucchiai di miele, 1 cucchiaio di aceto di riso, 1 cucchiaino di olio di sesamo, 1 cucchiaino di zenzero grattugiato, 1 spicchio d'aglio (tritato).

Istruzioni:

Unisci salsa di soia, miele, aceto di riso, olio di sesamo, zenzero e aglio in una ciotola.

Metti il salmone in un piatto, versaci sopra la marinata e lascia riposare per 15 minuti.

Preriscaldare il forno a 200°C (400°F). Cuocere il salmone su una teglia foderata per 12-15 minuti o fino a quando non diventa friabile.

Conservazione: raffreddare e conservare in un contenitore ermetico per un massimo di 3 giorni. Riscaldare delicatamente o gustare freddo sopra un'insalata.

3. Strisce di tofu saltate in padella

Ingredienti: 1 blocco di tofu extra-duro, 2 cucchiai di salsa di soia, 1 cucchiaio di olio di sesamo, 1 cucchiaino di amido di mais, 1/2 cucchiaino di aglio in polvere.

Istruzioni:

Premere il tofu per eliminare l'umidità in eccesso, quindi tagliarlo a strisce.

In una ciotola, mescolare il tofu con salsa di soia, olio di sesamo, amido di mais e aglio in polvere.

Scottare il tofu in una padella calda per 2-3 minuti per lato finché diventa croccante.

croccante all'esterno. Lasciare raffreddare completamente.

Conservazione: conservare le strisce di tofu in un contenitore ermetico in frigorifero per un massimo di 5 giorni o congelare per un massimo di 2 mesi. Utilizzare in fritture, insalate o impacchi come opzione proteica versatile.

Conclusione

Con questi metodi di selezione, manipolazione e preparazione delle proteine, sei attrezzato per elevare la qualità e il sapore dei tuoi pasti. Dalla marinatura efficace al porzionamento preciso, ogni tecnica è progettata per rendere la tua cucina più efficiente garantendo al tempo stesso che le proteine rimangano fresche e saporite. Utilizzando queste ricette e tecniche di preparazione, puoi ridurre i tempi di preparazione dei pasti, minimizzare gli sprechi e avere sempre a portata di mano proteine pronte all'uso per supportare pasti bilanciati e piacevoli durante tutta la settimana.

Capitolo 8

Trucchi per risparmiare tempo per i preparatori di cibo molto impegnati

L'efficienza in cucina è essenziale per chiunque concili un programma fitto di appuntamenti con l'impegno a consumare pasti freschi e fatti in casa. Questo capitolo presenta suggerimenti pratici per aiutarti a tagliare, organizzare e pulire più velocemente. Ottimizzando il tuo approccio alle attività comuni e facendo un uso intelligente dei gadget da cucina, risparmierai tempo senza compromettere la qualità. Imparerai anche come preparare in anticipo miscele di spezie, salse e marinate e scoprirai tecniche efficaci per conservare e riscaldare gli alimenti per mantenere intatti i sapori.

Suggerimenti per tagliare, organizzare e pulire più velocemente

Una preparazione efficiente del cibo inizia con routine intelligenti e strutturate che riducono al minimo il disordine e semplificano ogni passaggio.

1. Tecniche di taglio più veloci

Usa il coltello giusto: per le verdure, un coltello da chef affilato è l'ideale, mentre uno spelucchino funziona meglio per compiti più piccoli e delicati. Investi in un acciaino per mantenere le lame affilate, poiché un coltello affilato non solo taglia più rapidamente ma rende anche il lavoro più sicuro.

Taglio uniforme: il taglio degli ingredienti in dimensioni uniformi garantisce una cottura uniforme, riducendo la necessità di controlli e regolazioni. Impila verdure come peperoni o verdure a foglia verde e tagliale con un unico movimento per risparmiare tempo.

Taglio in lotti: invece di tagliare le verdure singolarmente, lavora in lotti. Affettate tutte le cipolle, poi tutti i peperoni e così via. Conservali in contenitori etichettati in modo che siano pronti quando ne hai bisogno.

2. Organizzare il tuo spazio di lavoro

Prepara una stazione di preparazione: dedica una sezione del tuo bancone al lavoro di preparazione, completa di tagliere, coltelli, una ciotola della spazzatura per gli scarti e ciotole o contenitori per gli ingredienti preparati. Ciò mantiene tutto a portata di mano e riduce i movimenti.

Contenitori premisurati: quando prepari più pasti, utilizza contenitori premisurati per gli ingredienti di ciascuna ricetta. Ciò aiuta a semplificare il processo di cottura e ti assicura di non dimenticare un ingrediente a metà della ricetta.

Conservazione efficiente: investi in contenitori trasparenti e impilabili per verdure pretagliate e ingredienti cotti. I contenitori trasparenti ti aiutano a individuare rapidamente gli articoli e l'etichettatura previene la confusione e riduce gli sprechi.

3. Accelerare la pulizia

Metodo con una ciotola: per le attività di miscelazione, prova a utilizzare la stessa ciotola ogni volta che è possibile, risciacquando nel frattempo secondo necessità. Ciò riduce al minimo il numero di piatti sporchi.

Pulisci mentre procedi: risciacqua o asciuga utensili, taglieri e superfici mentre finisci di usarli. Tenere un panno umido e una spugna nelle vicinanze aiuta a mantenere uno spazio di lavoro ordinato.

Investi in strumenti antiaderenti e in silicone: le padelle antiaderenti e i tappetini da forno in silicone riducono la necessità di ammollo e lavaggio pesante. Scegli questi articoli quando arrostisci o cuoci al forno per rendere la pulizia molto più veloce.

Uso intelligente dei gadget da cucina

I giusti gadget da cucina possono velocizzare notevolmente le attività, dal tritare le verdure al frullare le salse. Ecco come massimizzare l'efficienza dei tuoi strumenti più utili.

1. Robot da cucina

Tritare e affettare: un robot da cucina può tritare cipolle, carote o erbe aromatiche in pochi secondi e può gestire l'affettatura di verdure in grandi quantità. Utilizzare la lama per affettare per ottenere pezzi uniformi che cuociono uniformemente.

Impasto e pastelle: utilizzare il robot da cucina per preparare l'impasto per pizza o pasticceria o per frullare l'impasto per pancake o muffin. Risparmia tempo di miscelazione e produce texture lisce e uniformi.

Pre-tritare: tritare alla rinfusa alimenti come aglio, cipolle e carote e conservarli in piccoli contenitori. Usa questi ingredienti preparati durante la settimana come base per molte ricette.

2. Frullatore

Frullati e puree: i frullatori sono ideali per preparare frullati, zuppe e salse. Investi in un frullatore potente se prepari spesso zuppe cremose o burro di noci.

Preparazione della salsa: i frullatori lavorano rapidamente con le salse, dalle marinate ai condimenti per l'insalata. Unisci gli ingredienti e frulla fino a che liscio; puoi conservarli per diversi giorni.

Miscele di spezie e miscele di condimenti: per le miscele di spezie fatte in casa, utilizzare un frullatore per macinare erbe e spezie essiccate in polveri fini. Conservateli in barattoli per un facile accesso.

3. Pentola a cottura lenta e pentola istantanea

Cottura in batch: le pentole a cottura lenta e le pentole istantanee sono eccellenti per cucinare grandi quantità di proteine, zuppe o cereali con un tempo manuale minimo. Usali per preparare pollo tagliuzzato, maiale stirato o zuppa di lenticchie sfusa.

Cucina a mani libere: una volta aggiunti gli ingredienti, questi gadget richiedono poca o nessuna attenzione. Sono perfetti per preparare i pasti mentre sei impegnato con altre attività.

Pasti adatti al congelatore: prepara zuppe, stufati e casseruole nella pentola a cottura lenta o nella pentola istantanea, quindi congela le porzioni per riscaldarle facilmente in seguito.

4. Affettatrice mandolina

Affettatura rapida: una mandolina affetta rapidamente le verdure a spessori uniformi, perfette per gratin, insalate e fritture.

Fiammiferi e Julienning: molte mandoline sono dotate di accessori per tagliare a julienne o creare tagli a fiammifero, risparmiando tempo significativo rispetto al taglio manuale.

Suggerimento per la sicurezza: utilizzare sempre una protezione per le mani quando si lavora con una mandolina per evitare lesioni.

Prepara le tue miscele di spezie, salse e marinate

Preparare in anticipo miscele e salse personalizzate non solo fa risparmiare tempo, ma esalta anche il sapore lasciando che gli ingredienti si fondano. Ecco alcune ricette base che possono essere utilizzate in una varietà di piatti.

1. Miscele di spezie fatte in casa

Condimento multiuso:

Ingredienti: 2 cucchiai di sale, 1 cucchiaio di pepe nero, 1 cucchiaio di aglio in polvere, 1 cucchiaio di cipolla in polvere, 1 cucchiaino di paprika.

Istruzioni: unisci gli ingredienti in un vasetto e agita per amalgamare. Utilizzare su proteine, verdure o cereali.

Miscela di erbe italiane:

Ingredienti: 2 cucchiai di basilico secco, 2 cucchiai di origano secco, 1 cucchiaio di rosmarino secco, 1 cucchiaio di timo secco.

Istruzioni: mescolare in un barattolo e conservare. Funziona bene nei piatti di pasta, nelle marinate e nelle zuppe.

2. Salse base

Salsa di pomodoro:

Ingredienti: 1 lattina di pomodori schiacciati, 1 spicchio d'aglio tritato, 1/2 cipolla (a dadini), 1 cucchiaino di basilico essiccato, sale e pepe.

Istruzioni: Soffriggere l'aglio e la cipolla, quindi aggiungere i pomodori e le erbe aromatiche. Cuocere a fuoco lento per 15-20 minuti, quindi conservare in un contenitore ermetico per un massimo di una settimana.

Marinata Teriyaki:

Ingredienti: 1/4 tazza di salsa di soia, 2 cucchiai di miele, 1 cucchiaio di aceto di riso, 1 spicchio d'aglio (tritato), 1 cucchiaino di zenzero grattugiato.

Istruzioni: Unire gli ingredienti e conservare in frigorifero. Utilizzare come marinata per carne, tofu o verdure.

3. Marinate

Marinata alle erbe e agrumi:

Ingredienti: succo di 1 limone, 1/4 di tazza di olio d'oliva, 2 spicchi d'aglio (tritati), timo fresco, sale e pepe.

Istruzioni: sbattere gli ingredienti e versarli sulle proteine. Marinare in frigorifero per un massimo di 24 ore.

Marinata piccante all'aglio:

Ingredienti: 2 cucchiai di olio d'oliva, 1 cucchiaio di salsa di soia, 1 cucchiaino di peperoncino in scaglie, 1 spicchio d'aglio (tritato).

Istruzioni: mescolare e utilizzare immediatamente o conservare fino a una settimana.

Conservare e riscaldare gli alimenti senza perdere la qualità

I metodi corretti di conservazione e riscaldamento mantengono il cibo fresco e delizioso, preservandone sapore e consistenza.

1. Suggerimenti per la conservazione

Utilizza contenitori ermetici: scegli contenitori che chiudano ermeticamente per mantenere l'aria fuori e gli aromi all'interno. I contenitori in vetro sono ideali per conservare gli alimenti che necessitano di essere riscaldati frequentemente.

Congelare in porzioni: porzionare i pasti in porzioni singole prima di congelarli per velocizzare lo scongelamento ed evitare sprechi. Ciò rende anche più semplice prendere esattamente ciò di cui hai bisogno senza scongelare un intero lotto.

Etichetta tutto: etichetta i contenitori con il contenuto e la data. La maggior parte degli alimenti surgelati conserva la qualità per 3-6 mesi, ma un sistema etichettato ti aiuta a utilizzare gli articoli in modo tempestivo.

2. Tecniche di riscaldamento

Microonde: per cibi umidi come stufati e sformati, aggiungere un po' d'acqua, coprire con un coperchio adatto al microonde e riscaldare a potenza media a brevi intervalli. Mescolare frequentemente per garantire un riscaldamento uniforme.

Forno: riscaldare cibi come verdure arrostite o carne in un forno preriscaldato a 150 °C (300 °F) per mantenerne la consistenza. Utilizzare un foglio di alluminio per coprire ed evitare che si secchi.

Piano cottura: zuppe, salse e cereali si scaldano bene sul piano cottura. Utilizzare una fiamma media, mescolare di tanto in tanto e aggiungere un po' d'acqua o brodo se il cibo si è addensato durante la conservazione.

Conclusione

I trucchetti che fanno risparmiare tempo possono trasformare la tua routine di preparazione del cibo, permettendoti di mantenere varietà e qualità senza dedicare ore alla cucina. Organizzando il tuo spazio di lavoro, utilizzando in modo efficiente i gadget, preparando condimenti fatti in casa e seguendo metodi di conservazione e riscaldamento adeguati, risparmierai tempo e ridurrai lo stress. Queste strategie garantiscono che pasti freschi e saporiti siano sempre a portata di mano, anche nelle giornate più trafficate.

Capitolo 9

Conservazione dei nutrienti e alimentazione sana

Una preparazione efficiente del cibo può fare molto di più che risparmiare tempo; può elevare il valore nutrizionale dei pasti e migliorare i sapori. Questo capitolo spiega come conservare i nutrienti essenziali negli ingredienti, mantenere una struttura equilibrata del pasto e utilizzare tecniche di aromatizzazione più sane. Concentrandoti sulla conservazione dei nutrienti e sulla pianificazione intelligente dei pasti, creerai pasti che favoriscono la salute e la soddisfazione, sfruttando al meglio ogni ingrediente.

Come la preparazione del cibo può aumentare la nutrizione e il sapore

La preparazione dei pasti con particolare attenzione alla nutrizione implica la selezione degli ingredienti più freschi e la loro cottura in modo da preservarne e migliorarne la naturale bontà. Pratiche semplici come la scelta di prodotti stagionali, la cottura con una quantità minima di acqua e la corretta conservazione possono fare una differenza significativa nella ritenzione dei nutrienti e nel sapore.

1. Massimizzare la freschezza degli ingredienti

Prodotti di stagione: la frutta e la verdura di stagione tendono ad essere al massimo della densità di nutrienti e del sapore, poiché vengono raccolte più vicino al tempo di maturazione.

Lavaggio corretto: il lavaggio dei prodotti rimuove accuratamente i pesticidi e altri contaminanti che possono influire sul sapore e sulla salute. Lavare appena prima dell'uso per prevenire la perdita di umidità e il deterioramento.

Utilizzo rapido degli ingredienti preparati: più a lungo gli alimenti vengono conservati dopo essere stati tagliati o cotti, più i nutrienti possono degradarsi. Pianifica di utilizzare gli ingredienti preparati entro pochi giorni.

2. Evitare la perdita di nutrienti

Peeling minimo: molte vitamine e minerali risiedono all'interno o appena sotto la buccia di frutta e verdura. Quando possibile, evitare di sbucciare o sbucciare leggermente per trattenere questi nutrienti.

Contenitori a basso contenuto di ossigeno: utilizzare contenitori ermetici per i prodotti tritati per ridurre l'ossidazione, che può portare alla perdita di nutrienti e sapori opachi.

3. Migliorare il sapore in modo naturale

Erbe e spezie: erbe fresche o essiccate come basilico, timo e coriandolo, insieme a spezie come cumino, paprika e curcuma, aggiungono sapori complessi senza calorie extra.

Scorza di agrumi: la scorza di limoni, lime o arance può ravvivare i piatti con un'esplosione di sapore e aggiungere una piccola spinta di vitamina C.

Tecniche per preservare vitamine e minerali durante la preparazione e la cottura

La ritenzione dei nutrienti dipende dalla corretta gestione degli ingredienti, dal lavaggio e triturazione alla cottura. Ecco le tecniche per preservare vitamine, minerali e antiossidanti durante tutto il processo di preparazione del cibo.

1. Tecniche di lavaggio

Risciacquare, senza ammollo: sciacquare la frutta e la verdura sotto l'acqua fredda invece di metterle in ammollo. L'ammollo può portare alla lisciviazione di vitamine idrosolubili come la vitamina C e alcune vitamine del gruppo B.

Lavaggio prima del taglio: lavare frutta e verdura intere prima di tagliarle, poiché il taglio può esporre una maggiore superficie alla perdita di nutrienti attraverso l'ossidazione e l'esposizione all'acqua.

2. Tecniche di taglio

Tagli più grandi per una minore perdita di nutrienti: tagliare i prodotti in pezzi più grandi riduce al minimo la perdita di nutrienti, poiché meno nutrienti sono esposti all'aria e alla luce.

Tagliare subito prima della cottura: tagliare frutta e verdura appena prima di cucinarle o servirle, poiché i nutrienti possono degradarsi rapidamente dopo l'esposizione all'aria.

3. Metodi di cottura per la conservazione dei nutrienti

Cottura a vapore: la cottura a vapore delle verdure preserva le vitamine idrosolubili meglio della bollitura. Mantiene le verdure tenere mantenendo colore, sapore e nutrimento.

Soffriggere e friggere: i metodi di cottura rapida che utilizzano una piccola quantità di olio sano (come l'olio d'oliva) aiutano a trattenere le vitamine e migliorano l'assorbimento dei nutrienti grazie alla presenza di grassi.

Cottura al microonde: cuocere le verdure al microonde con una quantità minima di acqua preserva i nutrienti poiché riduce i tempi di cottura e limita la lisciviazione dei nutrienti.

Evitare la cottura eccessiva: la cottura eccessiva può degradare vitamine e minerali, in particolare nelle verdure delicate come spinaci o broccoli. Cuocere fino a quando saranno teneri per una nutrizione ottimale.

4. Conservare correttamente i cibi cotti

Refrigerazione: conservare le verdure e i cereali cotti in contenitori ermetici nel frigorifero. Raffreddare rapidamente il cibo dopo la cottura previene anche la perdita di nutrienti e mantiene il sapore.

Congelamento: il congelamento delle verdure sbollentate e dei cereali cotti subito dopo la cottura conserva le sostanze nutritive. Utilizzare contenitori adatti al congelatore per evitare bruciature da congelamento.

Pianificazione di pasti equilibrati con diversi nutrienti

I pasti equilibrati sono essenziali per la salute generale, poiché forniscono una gamma di vitamine, minerali e macronutrienti. Ecco come garantire che la preparazione dei pasti copra una varietà di nutrienti.

1. Costruire un piatto equilibrato

Proteine: includi una fonte di proteine, come carne magra, pollame, pesce, fagioli o tofu, ad ogni pasto. Le proteine supportano la riparazione muscolare, la funzione immunitaria e la sazietà.

Carboidrati complessi: usa cereali integrali come quinoa, riso integrale e avena o verdure amidacee come patate dolci e zucca. Questi forniscono fibre e vitamine essenziali.

Grassi sani: i grassi provenienti da fonti come avocado, olio d'oliva, noci e semi aiutano l'assorbimento dei nutrienti e aggiungono sapore. Sono anche fondamentali per la produzione di ormoni e la salute del cervello.

Verdure: incorpora una varietà di verdure colorate per vitamine, minerali e antiossidanti. Cerca di fare in modo che almeno la metà del piatto sia composta da verdure per un apporto equilibrato di nutrienti.

Frutta: aggiungi una porzione di frutta per dolcezza naturale, fibre e vitamine aggiuntive. La frutta fresca o congelata può essere una sana aggiunta alla colazione o agli spuntini.

2. Diversi nutrienti per una salute ottimale

Varietà di colori: i diversi colori di frutta e verdura indicano vari fitonutrienti. I prodotti rossi, arancioni, gialli, verdi, blu e viola offrono ciascuno benefici per la salute unici.

Fibra: gli alimenti ricchi di fibre come cereali integrali, verdure e legumi supportano la salute dell'apparato digerente e regolano i livelli di zucchero nel sangue.

Fonti di ferro e calcio: il ferro è essenziale per la salute del sangue, mentre il calcio sostiene la resistenza delle ossa. Includi verdure a foglia verde, legumi e latticini o alternative ai latticini per soddisfare queste esigenze.

3. Suggerimenti per la pianificazione dei pasti equilibrati

Includi tutti i macro: pianifica pasti che includano proteine, grassi sani e carboidrati complessi per mantenere energia e sazietà durante il giorno.

Focus sulle fibre: gli alimenti ricchi di fibre come fagioli, lenticchie e cereali integrali aiutano a regolare la digestione e riducono il rischio di malattie croniche.

Utilizza un calendario di preparazione: crea un piano alimentare settimanale per assicurarti di coprire una gamma equilibrata di nutrienti. Ruota proteine e verdure ogni settimana per aggiungere varietà.

Suggerimenti per aromatizzare senza grassi, zuccheri o sali extra

Mangiare sano non richiede sacrificare il sapore. Ecco le tecniche per migliorare il gusto senza aggiungere calorie o sodio in eccesso.

1. Erbe e spezie

Erbe fresche: basilico, coriandolo, prezzemolo e menta aggiungono sapori freschi ai piatti senza calorie aggiuntive. Aggiungeteli a fine cottura per un sapore migliore.

Spezie secche: spezie come cumino, curcuma, coriandolo e paprika affumicata aggiungono profondità e calore ai piatti. Sperimenta abbinamenti per sapori unici.

Utilizzo delle erbe sfuse: prepara lotti di pesto di erbe fresche o chimichurri e congela le porzioni. Possono essere utilizzati per insaporire velocemente le pietanze senza grassi aggiunti.

2. Acidità naturale

Succo di agrumi e aceto: l'aggiunta di una spruzzata di limone, lime o aceto ravviva i sapori e riduce la necessità di sale. Prova l'aceto balsamico sulle verdure arrostite o il succo di limone sul pesce.

Marinate che esaltano il sapore: le marinate con aceto, aglio ed erbe aromatiche ammorbidiscono le proteine e migliorano il sapore senza un elevato contenuto di sale.

3. Alternative a basso contenuto di sale

Lievito nutrizionale: questo ingrediente a base vegetale ha un sapore saporito e di formaggio ed è a basso contenuto di sodio. Cospargilo su insalate, popcorn o verdure.

Miscele di condimenti senza sale: crea le tue miscele di condimenti senza sale, come aglio in polvere, cipolla in polvere e paprika, per aggiungere sapore senza sodio.

Ingredienti Umami: usa cibi naturalmente ricchi di umami come funghi, pomodori e miso per aggiungere profondità ai piatti senza sale aggiunto.

Conclusione

Padroneggiare le tecniche di conservazione dei nutrienti, pianificazione equilibrata dei pasti e miglioramento del sapore può trasformare il tuo approccio a un'alimentazione sana. Preparando e cucinando gli alimenti in modo da mantenere la loro naturale bontà, otterrai il massimo da ogni pasto mantenendo i sapori soddisfacenti e vibranti. Questi metodi supportano una dieta ricca di nutrienti che promuove il benessere e rende ogni pasto più piacevole, indipendentemente da quanto impegnativo possa essere il tuo programma.

Capitolo 10

Elementi essenziali per la cottura e il congelamento in lotti

La cottura in batch è la pietra angolare di una preparazione efficiente dei pasti, poiché consente di preparare porzioni più grandi di pasti in una sola volta, quindi porzionarli, congelarli e riscaldarli secondo necessità. Questo capitolo fornisce una guida dettagliata sulle tecniche di cottura in batch, sulle migliori pratiche di etichettatura e congelamento, sull'organizzazione del congelatore e su ricette specifiche progettate per mantenere la qualità dopo il congelamento. Con il giusto approccio puoi ridurre al minimo gli sprechi, risparmiare tempo e avere sempre a portata di mano pasti sani e deliziosi.

Guida passo passo alla cottura in batch con diversi tipi di pasti

Per cucinare in batch in modo efficace, pianifica i pasti che si congelano e si riscaldano bene, preparandoli in grandi quantità prima di porzionarli. Questa guida passo passo copre le nozioni di base della cottura in batch di vari tipi di pasti, dalle zuppe ai piatti a base di cereali, proteine e prodotti da forno.

1. Zuppe e stufati

Scegli gli ingredienti giusti: zuppe e stufati con abbondanti verdure, fagioli e cereali si congelano bene. Evita le zuppe ricche di latticini poiché possono separarsi quando riscaldate; aggiungere i latticini dopo lo scongelamento.

Cuocere alla rinfusa: usa una pentola grande o una pentola a cottura lenta per preparare una grande quantità in una sola volta. Lasciare raffreddare leggermente la zuppa prima di porzionarla.

Porzione e congelamento: versare la zuppa raffreddata in contenitori individuali o sacchetti per congelatore, lasciando spazio per l'espansione. Etichetta con nome e data.

2. Casseruole e primi piatti

Assemblare e congelare prima della cottura: preparare le casseruole fino alla fase di cottura, quindi congelare. Ciò mantiene le trame meglio intatte. Coprire con pellicola prima del congelamento.

Porzione per comodità: se una casseruola è grande, suddividila in porzioni da pasto in contenitori più piccoli. In questo modo, dovrai riscaldare solo ciò che utilizzerai.

Istruzioni per la cottura: quando è pronto da mangiare, scongelare in frigorifero per una notte e cuocere secondo la ricetta. Coprire inizialmente con la pellicola per evitare che si scurisca troppo.

3. Cereali e legumi

Cuocere in grandi quantità: prepara riso, quinoa, fagioli e lenticchie in grandi quantità poiché si riscaldano bene e sono versatili. Evitare di cuocere troppo perché continueranno ad ammorbidirsi leggermente durante il riscaldamento.

Congelamento rapido per comodità: distribuisci i cereali cotti su una teglia da congelare in singoli strati. Una volta congelato, trasferitelo nei sacchetti freezer, così potrete portare con voi solo ciò che vi occorre.

Consigli per lo scongelamento: i cereali possono essere riscaldati direttamente da congelati aggiungendo un po' d'acqua nel microonde o sul fornello.

4. Proteine

Precuocere e porzionare: arrostire, grigliare o cuocere al forno proteine come pollo, carne macinata o tofu in grandi quantità. Tagliare o sminuzzare in porzioni adatte a diverse ricette.

Conservare in porzioni singole: posizionare le singole porzioni in contenitori o sacchetti ermetici, garantendo un'esposizione minima all'aria per evitare bruciature da congelamento.

Riscaldamento per una migliore consistenza: riscaldare le proteine in una padella con una spruzzata di acqua o brodo per trattenere l'umidità. Evita il microonde poiché può rendere le proteine dure.

5. Prodotti da forno

Congelare pre-porzionato: alimenti come muffin, pancake e waffle si congelano bene. Porzionare singolarmente e congelare su una teglia prima di trasferirli nei sacchetti per riporli facilmente.

Congelamento dell'impasto: l'impasto per biscotti, l'impasto per il pane e l'impasto per gli scones possono essere congelati prima della cottura. Formate delle porzioni individuali, congelatele e poi conservatele nei sacchetti per il freezer.

Cuocere da congelato: la maggior parte degli impasti surgelati può essere cotto direttamente da congelato; aggiungere qualche minuto in più al tempo di cottura.

Istruzioni di etichettatura, congelamento e riscaldamento per risultati ottimali

Etichettare, congelare e riscaldare correttamente gli alimenti sono passaggi essenziali per preservarne la qualità e il sapore. Seguire queste linee guida ti aiuterà a garantire che ogni pasto abbia un sapore fresco e delizioso quando sei pronto per essere mangiato.

1. Etichettatura

Includi informazioni di base: etichetta ciascun contenitore o sacchetto con il nome del piatto, la data di preparazione e le istruzioni per il riscaldamento.

Utilizzare etichette adatte al congelatore: utilizzare etichette specifiche per il congelatore o un pennarello indelebile per garantire che le informazioni rimangano leggibili.

Organizza per data di scadenza: conserva i pasti con date di scadenza precedenti nella parte anteriore del congelatore per evitare sprechi.

2. Tecniche di congelamento

Raffreddare completamente: lasciare raffreddare il cibo a temperatura ambiente prima di congelarlo. Il congelamento degli alimenti caldi aumenta la formazione di condensa, che può causare bruciature da congelamento.

Rimuovere l'aria in eccesso: per i sacchetti per congelatore, far uscire quanta più aria possibile. La sigillatura sottovuoto è l'ideale se si dispone dell'attrezzatura necessaria, poiché prolunga la durata del congelatore e previene le bruciature da congelamento.

Utilizza contenitori ermetici: scegli contenitori realizzati appositamente per il congelamento, che manterranno l'umidità fuori e impediranno la fuoriuscita di sapori.

3. Istruzioni per il riscaldamento

Scongelamento durante la notte: per una consistenza migliore, scongelare i pasti in frigorifero durante la notte. Ciò impedisce cambiamenti drastici di consistenza che possono verificarsi con uno scongelamento rapido.

Riscaldamento nel microonde: riscaldare porzioni più piccole nel microonde, mescolando a metà per garantire un riscaldamento uniforme. Coprire con un coperchio adatto al microonde per trattenere l'umidità.

Riscaldamento sul piano cottura: per zuppe, stufati e cereali, scaldare a fuoco medio con un po' d'acqua o brodo, mescolando di tanto in tanto.

Riscaldamento del forno: per casseruole o piatti al forno, preriscaldare il forno a 180 °C, coprire con un foglio di alluminio e cuocere fino a quando non sarà completamente riscaldato. Aggiungi formaggio o condimenti dopo lo scongelamento per un gusto più fresco.

Suggerimenti per l'organizzazione del congelatore per ridurre al minimo gli sprechi alimentari

Un congelatore ben organizzato ti consente di individuare facilmente i pasti, riducendo al minimo gli sprechi e massimizzando la comodità.

1. Classificare per tipo di pasto

Dividi per tipo: separa i pasti in sezioni: proteine, cereali, verdure, sformati e prodotti da forno. Questa organizzazione rende facile trovare ciò di cui hai bisogno.

Sezioni etichettate: utilizzare contenitori o contenitori etichettati per diverse categorie. Contenitori o contenitori trasparenti sono utili per identificare rapidamente i contenuti.

2. Utilizzare un sistema first-in, first-out

Rotazione per la freschezza: posiziona i pasti appena congelati nella parte posteriore del congelatore e sposta i pasti più vecchi nella parte anteriore. Questo sistema aiuta a prevenire oggetti dimenticati o sprecati.

Tieni un inventario del congelatore: scrivi un elenco di ciò che c'è nel congelatore insieme alle date, tenendolo sulla porta del congelatore. Aggiornalo man mano che aggiungi o rimuovi elementi.

3. Strati singoli per il congelamento

Congelamento rapido: adagiare gli oggetti su una teglia da congelare prima di trasferirli in contenitori o sacchetti. Ciò impedisce agli alimenti di attaccarsi e facilita la porzionatura.

Conservare in contenitori robusti: scegliere contenitori o sacchetti progettati per il congelamento per evitare rotture o deformazioni, che possono compromettere la chiusura ermetica.

Ricette che si congelano bene e suggerimenti per cucinare in lotti con successo

Ecco diverse ricette di cottura in lotti progettate per congelare bene e avere un sapore altrettanto buono dopo il riscaldamento.

1. Abbondante stufato di lenticchie

Ingredienti: Lenticchie, pomodori a cubetti, carote, sedano, cipolle, aglio, brodo vegetale, timo e alloro.

Istruzioni: Soffriggere le verdure, aggiungere le lenticchie e il brodo e cuocere a fuoco lento finché le lenticchie saranno tenere. Porzionare in contenitori adatti al congelatore.

Riscaldamento: scongelare in frigorifero, quindi scaldare sul fornello con una spruzzata di brodo.

2. Pollo e verdure saltate in padella

Ingredienti: petto di pollo, peperoni, broccoli, piselli, aglio, zenzero, salsa di soia e olio di sesamo.

Istruzioni: Cuocere il pollo e le verdure separatamente, quindi unirli alla salsa. Porzionare in contenitori e congelare.

Riscaldamento: riscaldare in una padella a fuoco medio, aggiungendo un po' d'acqua se necessario.

3. Ziti al forno con salsa marinara

Ingredients: Ziti pasta, marinara sauce, mozzarella, ricotta, Parmesan, and basil.

Istruzioni: mettere a strati la pasta cotta, la marinara e i formaggi in una casseruola. Coprire e congelare prima della cottura.

Riscaldamento: scongelare in frigorifero per una notte, quindi cuocere a 180°C per 20-25 minuti, aggiungendo basilico fresco prima di servire.

4. Muffin per la colazione con farina d'avena

Ingredienti: fiocchi d'avena, banane, uova, latte di mandorle, cannella e frutti di bosco.

Istruzioni: Mescolare gli ingredienti, versare negli stampini da muffin e cuocere. Lasciare raffreddare, quindi congelare i muffin in singoli strati prima di riporli nei sacchetti.

Riscaldamento: microonde direttamente da congelato per 20-30 secondi o fino a quando non sarà completamente riscaldato.

5. Burrito di quinoa e fagioli neri

Ingredienti: quinoa, fagioli neri, mais, pomodori a cubetti, spezie e tortillas integrali.

Istruzioni: cuocere la quinoa e mescolarla con fagioli, mais, pomodori e spezie. Arrotolare le tortillas, quindi avvolgerle singolarmente nella pellicola e congelarle.

Riscaldamento: scartare e mettere nel microonde o riscaldare nel forno fino a quando diventa caldo.

Suggerimenti per il successo della cottura in lotti

Per massimizzare il successo della cottura in lotti, segui questi suggerimenti finali per mantenere i tuoi pasti freschi e soddisfacenti.

Utilizzare porzioni uniformi: dividere i pasti in porzioni uniformi per garantire un congelamento e un riscaldamento uniformi.

Evita di sovraffollare il congelatore: un congelatore troppo pieno non farà circolare l'aria in modo efficace, il che può portare a un congelamento irregolare.

Mantieni la semplicità: inizia con ricette semplici e versatili e modificale man mano che ti senti a tuo agio con il processo di cottura in lotti.

Conclusione

Gli elementi essenziali per la cottura e il congelamento in batch non solo semplificano il processo di preparazione dei pasti, ma migliorano anche la tua esperienza culinaria complessiva. Seguendo i passaggi e le tecniche delineate, puoi creare in modo efficace una varietà di pasti nutrienti facilmente accessibili, risparmiando tempo e fatica durante le giornate impegnative.

I vantaggi della cottura batch vanno oltre la comodità. Consente un'attenta pianificazione dei pasti, garantendo la disponibilità di opzioni salutari e aiuta a ridurre gli sprechi alimentari attraverso un uso efficiente degli ingredienti. Etichettare e organizzare correttamente il congelatore può migliorare ulteriormente la tua strategia di preparazione dei pasti, semplificando la ricerca e il riscaldamento dei pasti e riducendo al minimo il rischio di oggetti dimenticati.

Adottare queste pratiche di cottura in batch ti consente di assumere il controllo della tua dieta, promuovendo abitudini alimentari più sane. Con ogni pasto preparato e congelato, ti ritroverai dotato di un kit di strumenti che supporta i tuoi obiettivi nutrizionali senza sacrificare sapore o varietà. Che tu stia dando da mangiare a una famiglia o semplicemente a te stesso, la cottura in batch è un'abilità preziosa che migliorerà la tua routine culinaria e migliorerà la tua sicurezza culinaria generale.

Mentre continui il tuo viaggio nella preparazione del cibo, ricorda che la pratica rende perfetti. Quanto più ti impegnerai con queste tecniche, tanto più intuitivo e divertente diventerà il processo. Padroneggiando la cottura in batch e il congelamento, non solo risparmierai tempo, ma coltiverai anche un approccio più consapevole ai tuoi pasti, trasformando la cucina quotidiana in un'esperienza più soddisfacente e gratificante.

Capitolo 11

Abilità nella presentazione e nell'impiattamento del cibo

L'arte della presentazione del cibo va oltre la mera estetica; svolge un ruolo fondamentale nel migliorare l'esperienza culinaria complessiva. Piatti ben presentati riescono a valorizzare anche i pasti più semplici, rendendoli più invitanti e piacevoli. Questo capitolo approfondisce le nozioni di base sull'attrattiva visiva nella presentazione del cibo, fornisce suggerimenti per migliorare l'aspetto dei piatti e sottolinea l'importanza della creatività nell'impiattamento degli ingredienti già pronti.

Nozioni di base sull'attrattiva visiva nella presentazione del cibo

L'attrattiva visiva è una componente cruciale di ogni pasto. La prima impressione spesso dà il tono al modo in cui verrà ricevuto il cibo. Ecco gli elementi fondamentali da considerare per creare piatti visivamente accattivanti:

1. Colore

Vivace: incorporare una varietà di colori nei tuoi piatti può renderli più invitanti. Verdure fresche, frutta ed erbe aromatiche aggiungono luminosità, mentre i colori contrastanti possono attirare l'attenzione.

Equilibrio: cerca l'equilibrio combinando diverse tavolozze di colori. Ad esempio, abbinare le verdure verdi con i pomodori rosso vivo può creare un piatto accattivante.

2. Trama

Varietà: diverse consistenze, come croccante, cremosa o tenera, migliorano l'esperienza sensoriale. Incorporare elementi come condimenti croccanti o erbe fresche può aggiungere profondità.

Stratificazione: utilizza tecniche di stratificazione per mostrare varie trame. Ad esempio, una salsa cremosa su verdure arrostite può creare un contrasto accattivante.

3. Disposizione

Composizione: La disposizione degli alimenti nel piatto è fondamentale. Segui la regola dei terzi, dove il piatto è diviso in tre sezioni per un aspetto più equilibrato. Posiziona l'elemento principale nell'area focale, affiancato da contorni o guarnizioni.

Altezza: aggiungere altezza ai tuoi piatti crea interesse visivo. Impila gli ingredienti o utilizza elementi verticali, come spiedini o rametti di erbe aromatiche, per conferire al piatto un aspetto dinamico.

Semplici consigli per migliorare l'aspetto del tuo piatto

Migliorare la presentazione dei tuoi piatti non richiede abilità culinarie avanzate. Ecco alcuni suggerimenti semplici che possono fare una differenza significativa:

1. Usa ingredienti freschi

Guarnizioni: erbe fresche, scorze di agrumi e fiori commestibili possono aggiungere un tocco di colore e freschezza. Una spolverata di prezzemolo tritato o un pizzico di scorza di limone possono immediatamente arricchire un piatto.

Prodotti di stagione: l'inclusione di ingredienti di stagione non solo aumenta il sapore ma aggiunge anche un fascino visivo. La frutta e la verdura di stagione sono in genere al massimo del colore e della qualità.

2. Investi in stoviglie di qualità

Scegli i piatti giusti: seleziona i piatti che completano il cibo che servi. I piatti bianchi spesso funzionano meglio perché fanno risaltare i colori del cibo.

Dimensioni variabili: utilizzare piastre di dimensioni diverse per creare contrasto. Piatti più grandi possono far sembrare le porzioni più piccole, mentre piatti più piccoli possono aumentare la sensazione di abbondanza.

3. Attenzione ai dettagli

Bordi puliti: pulire i bordi del piatto prima di servire per rimuovere eventuali schizzi o macchie. Una presentazione pulita crea un aspetto raffinato.

Tecniche di salsa: usa una bottiglia da spremere o un cucchiaio per creare disegni artistici di salsa sul piatto. Salse spruzzate o tamponate possono aggiungere un tocco gourmet.

Modi creativi per impiattare gli ingredienti già pronti

Una volta preparati gli ingredienti, il passo successivo è pensare a come disporli per ottenere il massimo impatto. Ecco alcune idee creative per la placcatura:

1. Impila o sovrapponi gli ingredienti

Stratificazione: utilizza tecniche di impilamento per alimenti come lasagne, torte o hamburger. La stratificazione aggiunge altezza e intrigo, rendendo il piatto più complesso.

Insalate in barattolo di vetro: disponi le insalate in barattoli di vetro sovrapponendo gli ingredienti dal basso verso l'alto. Questo non solo ha un aspetto attraente, ma mantiene anche gli ingredienti freschi fino al momento di servire.

2. Usa lo spazio negativo

Lascia spazio sul piatto: lasciare un po' di spazio vuoto sul piatto aiuta a far risaltare il cibo. Crea un aspetto pulito e moderno evitando il sovraffollamento.

Sfondi contrastanti: utilizzare piatti scuri per cibi dai colori vivaci e viceversa. Questo contrasto aiuta a mettere in risalto il cibo e crea un effetto visivo sorprendente.

3. Disposizione creativa dei componenti

Presentazione affiancata: invece di mescolare tutto insieme, disponi i componenti uno accanto all'altro. Ad esempio, una proteina da un lato, i cereali al centro e le verdure dall'altro possono creare un aspetto organizzato.

Variazione di altezza: varia l'altezza dei diversi componenti sulla piastra per aggiungere dimensione. Usa una piccola ciotola o uno stampo ad anello per esaltare alcuni ingredienti.

Come la presentazione migliora l'esperienza gastronomica

La presentazione del cibo ha un impatto significativo sull'esperienza culinaria complessiva, influenzando il modo in cui i sapori vengono percepiti e apprezzati. Ecco come:

1. Impatto psicologico

Aspettativa e anticipazione: un piatto attraente può creare aspettativa, migliorando il godimento generale del pasto. Il fascino visivo prepara il palato a ciò che verrà.

Connessione emotiva: i piatti ben presentati possono evocare emozioni e ricordi, rendendo l'esperienza culinaria più memorabile e piacevole.

2. Percezione del gusto

Segnali visivi: il nostro cervello spesso collega l'aspetto visivo al gusto. I piatti ben presentati possono aumentare l'aspettativa di sapore, rendendo il pasto più piacevole.

Assaporare ogni boccone: un piatto accattivante incoraggia i commensali a prendersi il proprio tempo, assaporando l'esperienza piuttosto che affrettarsi durante il pasto.

3. Fiducia culinaria

Maggiore soddisfazione: preparare e presentare il cibo con cura aumenta la fiducia nelle tue capacità culinarie. Questa fiducia si traduce in un maggiore apprezzamento per lo sforzo profuso in cucina.

Incoraggiare la creatività: impegnarsi con la presentazione favorisce la creatività in cucina. Provare nuovi stili di placcatura può ispirare innovazione nelle tue pratiche culinarie.

Conclusione

Padroneggiare le abilità di presentazione e impiattamento del cibo aggiunge una nuova dimensione alla tua cucina. Comprendendo le basi dell'attrattiva visiva, implementando semplici suggerimenti e disponendo in modo creativo gli ingredienti già pronti, puoi migliorare ogni pasto che prepari. La presentazione migliorata non solo rende i tuoi piatti invitanti, ma arricchisce anche l'intera esperienza culinaria, rendendola più piacevole per te e i tuoi ospiti. Con la pratica, l'arte di impiattare diventerà un'estensione naturale del tuo repertorio culinario, trasformando i pasti di tutti i giorni in squisite esperienze culinarie.

Capitolo 12

Tecniche avanzate per la preparazione di livello professionale

Man mano che le tue abilità culinarie si sviluppano, è essenziale migliorare le tue tecniche di preparazione del cibo per raggiungere un livello di cucina professionale. Questo capitolo si concentra sulle salse in stile gourmet, sulle abilità avanzate con i coltelli e sui metodi di cottura innovativi come il sottovuoto. Incorporando queste tecniche avanzate nella tua routine, non solo migliorerai il sapore e la presentazione dei tuoi piatti, ma affinerai anche la tua abilità culinaria complessiva.

Preparazione di salse, riduzioni e condimenti in stile gourmet

Le salse possono trasformare un piatto da ordinario a straordinario, aggiungendo profondità, sapore e complessità. Padroneggiare l'arte della preparazione delle salse è fondamentale per ogni aspirante chef.

1. Le Salse Madre

Besciamella: una salsa bianca cremosa a base di latte, burro e farina. È la base per sughi al formaggio e primi piatti cremosi.

Velouté: salsa leggera a base di brodo addensata con un roux, utilizzata come base per vari derivati come la salsa suprême o la salsa allemande.

Espagnole (salsa marrone): realizzata con roux scuro, mirepoix e brodo marrone, questa ricca salsa funge da base per molte altre salse, come il demi-glace.

Salsa di pomodoro: una salsa classica a base di pomodori, aromi ed erbe aromatiche. Può essere utilizzato come base per numerosi piatti italiani o servito da solo.

Olandese: un'emulsione di tuorli d'uovo, burro e succo di limone, tipicamente servita con le uova alla Benedict o come ricco accompagnamento alle verdure.

2. Riduzioni

Fare riduzioni: per intensificare i sapori, cuocere a fuoco lento salse o brodi finché il liquido non si riduce, concentrando i sapori. Le riduzioni comuni includono aceto balsamico o riduzioni di vino, perfette per condire carne o verdure.

Salse di finitura: l'aggiunta di burro freddo a una riduzione calda può creare una finitura ricca e lucida, esaltando sia il sapore che la presentazione.

3. Condimenti gourmet

Gremolata: una miscela di scorza di limone, aglio e prezzemolo, spesso utilizzata per ravvivare piatti di carne o zuppe.

Chimichurri: una salsa vivace a base di prezzemolo, aglio, aceto e olio, ideale per carni alla griglia.

Oli alle erbe: la miscelazione di erbe fresche con olio crea un filo saporito che esalta qualsiasi piatto. Utilizzare un frullatore per ottenere una consistenza morbida, quindi filtrare per ottenere un olio limpido.

Abilità avanzate nella preparazione di coltelli e ingredienti

Migliorare le tue abilità con i coltelli è fondamentale per l'efficienza e la precisione in cucina. Le tecniche avanzate non solo ti faranno risparmiare tempo, ma miglioreranno anche la qualità dei tuoi piatti.

1. Padroneggiare i tagli avanzati

Julienne: tagliare le verdure a strisce sottili di fiammifero per insalate o guarnizioni.

Brunoise: un dado fine di verdure, tipicamente utilizzato come base per salse o come guarnizione.

Chiffonade: una tecnica per affettare verdure a foglia verde o erbe aromatiche in nastri sottili. Impilare le foglie, arrotolarle strettamente e affettarle per ottenere dei brandelli delicati.

2. Preparazione degli ingredienti

Sfilettare il pesce: impara la tecnica corretta per sfilettare il pesce, assicurandoti di rimuovere le lische in modo pulito mantenendo l'integrità del filetto.

Macellazione della carne: capire come scomporre i tagli interi di carne può far risparmiare denaro e garantire la freschezza. Familiarizza con l'anatomia delle diverse proteine per porzionarle in modo efficiente.

3. Cura e manutenzione dei coltelli

Tecniche di affilatura: affila regolarmente i tuoi coltelli utilizzando pietre per affilare o bacchette per affilare per mantenere un bordo affilato, che è fondamentale per la sicurezza e l'efficienza.

Conservazione corretta: utilizzare ceppi per coltelli, strisce magnetiche o protezioni per lame per conservare i coltelli in modo sicuro e proteggerne i bordi.

Imparare Sous Vide e altri metodi di cottura professionali

La cottura sottovuoto è una tecnica che prevede la chiusura sottovuoto del cibo in un sacchetto e la cottura a bagnomaria a una temperatura precisa. Questo metodo consente risultati coerenti e massimizza il sapore.

1. Nozioni di base sul sottovuoto

Attrezzatura: investi in un circolatore a immersione sottovuoto e in una macchina per sottovuoto. Questi strumenti sono essenziali per ottenere risultati di cottura precisi.

Controllo della temperatura: familiarizza con le temperature di cottura ottimali per varie proteine e verdure. Sous vide consente carni cotte alla perfezione che mantengono umidità e tenerezza.

2. Altri metodi di cottura avanzati

Affumicatura: utilizza un affumicatore da piano cottura o una pistola fumante dedicata per infondere carni e verdure con sapori ricchi e affumicati. Sperimenta legni diversi per ottenere profili di gusto unici.

Fermentazione: Questa antica tecnica esalta i sapori e conserva il cibo. Impara a preparare salse fermentate come kimchi, sottaceti o miso per aggiungere profondità ai tuoi piatti.

Congelamento rapido: questa tecnica può essere utilizzata per congelare rapidamente ingredienti freschi o salse, preservandone consistenza e sapore. Ciò è particolarmente utile per cibi delicati come erbe o frutti di mare.

Suggerimenti per portare la preparazione del cibo al livello successivo con un tocco professionale

Incorporare tecniche avanzate nella routine di preparazione del cibo può migliorare significativamente le tue abilità culinarie e la qualità complessiva dei tuoi pasti.

1. Presentazione con scopo

Focus sull'Impiattamento: Presta attenzione a come presenti i tuoi piatti. Usa altezza, colore e struttura per creare piatti visivamente accattivanti. Investi tempo nell'apprendimento di diversi stili di placcatura per migliorare le tue presentazioni.

2. Stratificazione dei sapori

Profili di sapore complessi: mirano a creare piatti con più strati di sapore. Utilizza tecniche come la salamoia, la marinatura o il condimento in diverse fasi della cottura per aumentare la profondità del sapore.

3. Apprendimento continuo

Partecipa ai seminari: partecipa a corsi di cucina o seminari incentrati su tecniche avanzate. Imparare dai professionisti può fornire spunti preziosi e ispirare nuove idee.

Sperimentazione: non esitate a sperimentare in cucina. Provare nuovi metodi o ingredienti può portare a scoperte creative e migliorare la tua fiducia nelle abilità culinarie.

Conclusione

Migliorare le tue tecniche di preparazione del cibo è un viaggio gratificante che migliora non solo le tue abilità culinarie ma anche i sapori e la presentazione dei tuoi piatti. Padroneggiando le salse gourmet, affinando le abilità avanzate con i coltelli ed esplorando metodi di cottura innovativi come il sous vide, eleverai il tuo repertorio culinario a un livello professionale. Queste competenze ti consentono di creare pasti di qualità da ristorante nella tua cucina, trasformando la cucina di tutti i giorni in un'esperienza eccezionale. Mentre incorpori queste tecniche avanzate, ricorda che il cuore della cucina risiede nella creatività e nella passione: consenti loro di guidarti mentre continui a perfezionare la tua arte.

Conclusione

Nel mondo frenetico di oggi, avere le competenze e le conoscenze per preparare, cucinare e conservare il cibo in modo efficiente ha un valore inestimabile. Food Prepper Pro: Elevating Your Cooking Skills fornisce una base approfondita, consentendo ai cuochi casalinghi di padroneggiare le tecniche essenziali, esaltare i sapori e semplificare la preparazione dei pasti senza sacrificare la qualità o la nutrizione. Con questi strumenti, la preparazione del cibo diventa più di una routine: diventa un approccio che consente di creare pasti equilibrati e soddisfacenti gestendo al tempo stesso tempo e risorse in modo efficace.

Ogni capitolo di questo libro si concentra sui componenti chiave della preparazione del cibo a livello professionale, dalla comprensione degli elementi essenziali della cucina alla padronanza delle abilità con i coltelli, alla pianificazione di pasti equilibrati e alla gestione con sicurezza di proteine, verdure e altri ingredienti. Incorporando pratiche di sicurezza alimentare, apprendendo metodi di cottura in lotti efficienti e applicando tecniche di cottura versatili, ora hai le strategie per preparare pasti che non solo si adattano al tuo programma ma migliorano anche l'alimentazione quotidiana.

Con queste competenze, sei in grado di pianificare pasti in linea con i tuoi gusti, le tue esigenze nutrizionali e il tuo stile di vita. La capacità di conservare e conservare gli ingredienti riduce efficacemente gli sprechi, mentre le corrette tecniche di porzionatura e condimento garantiscono una qualità costante in ogni piatto. Inoltre, questi metodi consentono flessibilità, consentendoti di preparare i componenti in anticipo e di assemblare senza sforzo pasti diversi durante la settimana.

Food Prepper Pro è più di una guida; è un percorso verso un'esperienza culinaria più organizzata, ponderata e soddisfacente. Armato di queste intuizioni, puoi affrontare con sicurezza ogni pasto con la creatività e la tecnica per rendere la cucina una parte gratificante della tua vita. Questa base non solo migliorerà il cibo che prepari oggi, ma continuerà a favorire il tuo viaggio culinario, rendendo ogni pasto un momento di divertimento, nutrimento e realizzazione sapiente.